おうちで給食ごはん

ろこぶ
ピ63

「こんなにすごい給食があるんだ！」
2007年夏、北海道新聞紙上で連載した
学校給食のシリーズ企画の中で、
置戸町を訪ねたときの印象は鮮烈でした。
置戸町は北海道北東部にある、山に囲まれた小さなまち。
町内の小･中学校に届ける
約300人分の給食作りを長年支えているのが
管理栄養士の佐々木十美さんです。
学校給食とは思えないメニューの数々。
家庭のごはん以上に温もりを感じさせる手作りのおいしさ。
その知恵とレシピには学ぶところが多く、
子どもを持つ若いお母さんたちに
ぜひ家庭で実践してほしいと、この本を作りました。
心もお腹も満たされる給食のおいしさを
この一冊でまるごとお届けします。

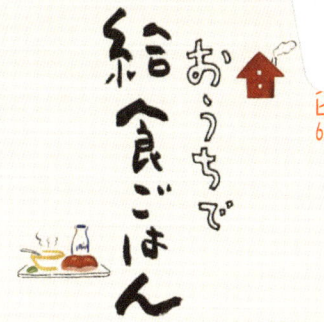

繰り返しの少ない豊富なメニュー

置戸町の子どもたちに、月に一度配られる給食だより。献立表を見ると、まずメニューの多さに目を奪われます。「ひき肉とひじきの炒め混ぜごはん」「鶏肉ときのこのみそトマトソース煮」など、給食というよりレストランのようなメニュー名が並び、年間を通しても繰り返しがほとんどないことに気づきます。こうした給食を20年以上かけて置戸町に定着させてきたのが、管理栄養士の佐々木十美さんです。

2009年度の置戸町の給食費は1食あたり小学校238円、中学校272円。道内の給食費の平均は小学校227～230円、中学校274円なので置戸町が特に高いわけではありません。豊富なメニューが生まれる理由を佐々木さんはこう言います。「費用を多くかけなくても、手間は十分にかけています。給食は、学校という大きな家庭でわが子に食べさせるごはん。母親役の私が手作りを大事にするのは当たり前のことです」

この日は手作りパン、ミネストローネなどの洋食メニュー。汁椀とトレイには置戸町特産のオケクラフトを使っている

旬のおいしさを求めて山へ、海へ

「自分が何屋さんなのか、ときどきわからなくなっちゃうんですよ」。確かに、佐々木さんの日常を知るとそう思えてきます。栄養士というより〝シェフ〟と呼ぶほうがふさわしいかもしれません。

春は山菜採り名人たちと一緒に山へ出かけ、ふきを採って塩漬けに。こうして保存食にしたふきは、年間を通して給食のみそ汁や煮物に使います。夏になると、地元の農家が給食専用ハウスで栽培してくれた無農薬の完熟トマトを採りに行き、これも保存食としてトマトピューレに加工します。まちから少し離れたオホーツク海沿岸でいい魚が捕れたと聞けば、トラックを用意して自ら漁港にも出向きます。

地元の旬の食材をおいしく提供しようとするのは、季節感を子どもたちに味わってほしいから。佐々木さんにとって給食は、地域の食文化の表現でもあるのです。

トマトピューレに使うトマトは年間450kg。8〜10月の間は毎週採りに行く

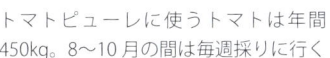

飲んでおいしい調味料だけを使う

　食材を吟味する佐々木さんの目は、調味料にも注がれています。成長期にある子どもたちの味覚を育てるために、安全でおいしい調味料を厳選して使っています。「調味料も大事な食材の一つ。どんな添加物が入っているかわからないような調味料で、子どもたちの舌を狂わせたくない。ここにある調味料は、そのまま飲んでもおいしいものばかりです」

　酒は純米酒のみ、本みりんとりんご酢は3年熟成もの、ワインは置戸町のぶどうを使った地元産など、天然の原料だけで作られた調味料はそれだけでおいしく、料理を見事に引き立ててくれます。とはいえ、高価な調味料だと給食費に影響するのでは？　「安くて便利な化学調味料に比べれば確かに高めですが、一度に使う量は少量で済むので、長い目で見ればコストも合います。何より、質の良さと安全性には代えられません」

3年仕込み、自慢の手作りみそ

置戸町の給食で使われている調味料の中でも、特筆すべきは3年仕込みの手作りみそ。毎年、学校が冬休みに入る年末になると、学校給食センターの職員総出で自家製みそ作りが行われます。

材料は道産大豆、米こうじ、塩のみ。豆を一晩水に漬け、釜でゆでてから一粒一粒の皮を取り除き、ひき肉機で豆をペースト状に。丹念にほぐした米こうじと塩を混ぜ、みそのかたまりを投げるようにして中の空気を抜き、一日がかりで約10樽のみそを仕込みます。

3年寝かせたみそは熟成して赤みを帯び、塩がなじんでまろやかな味に。このみそを使い、4種の天然だしと合わせて作るみそ汁は、置戸町の給食の定番メニュー。子どもたちが毎回競っておかわりする、ふるさと自慢のみそ汁です。

1 釜で豆をゆでる
2 ペースト状にした豆と米こうじ、塩を混ぜる
3 保存用の樽にみそのかたまりを投げ入れる
4 日付入りのふたをかぶせて倉庫で保存
5 3年寝かせたみそを給食で使う

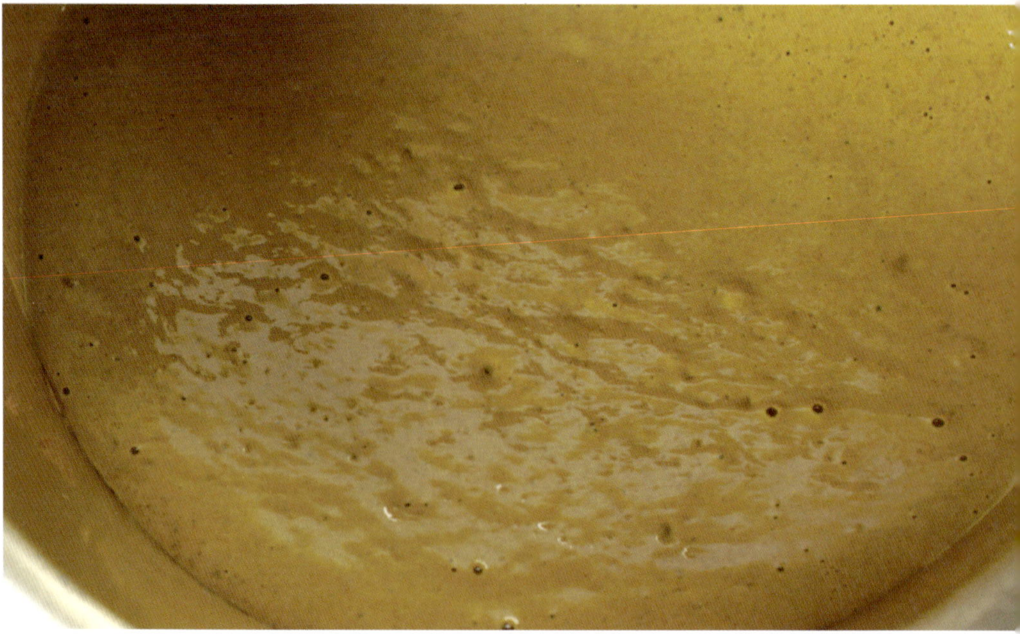

19種のスパイスで作る本格カレー

置戸町の子どもたちが大人になったとき、必ず懐かしがるのが給食で食べたカレーの味。19種ものスパイスを使ってルーから手作りし、3週間寝かせて給食に出すという名物カレーです。

「明日はカレーだから絶対学校に行く」と子どもたちが楽しみにするほど人気のカレーですが、その味は決して甘くなく、大人も満足できるしっかりとした辛さ。小学校入学前の親子向け給食試食会などで、佐々木さんは「本物の味を体験させ、子どもたちの味覚を広げたい」という願いを保護者にも長年伝え続け、この味を給食に定着させてきました。

成人式で里帰りする子のお母さんから「子どもが懐かしがっているのでぜひ」とリクエストされ、地域の新成人たちに特別にカレーを振る舞ったこともあるそうです。

手作りカレールーはしょうが、にんにくをじっくり炒める工程から。雑味がなく奥行きのある辛さに仕上がる

☛本格手作りカレールー【P108】

地域のみんなで手作りを支える

置戸町の手作り給食を支えているのは、佐々木さんをはじめ学校給食センターの職員だけではありません。

毎春恒例のふき採りには、山菜に詳しい地域のお年寄りたちが総出で山に入ってふきを採り、筋取りも協力してくれます。子どもたちに焼きたてのパンを味わってほしいと、地元の郷土料理グループのお母さんたちが朝早くから仕込みをして、大量のパンを作ってくれることもあります。

採れたての新鮮な野菜を届けてくれる地元の生産者。置戸町ならではの手作り給食のすばらしさを、子どもたちに語り伝えてくれる保護者や学校の先生。

こうした多くの人たちの協力によって置戸町の給食が豊かさを増し、ふるさとの味として浸透しているのです。

毎年、置戸町の小・中学校の卒業生に贈っている
お母さんたち手作りのマドレーヌ

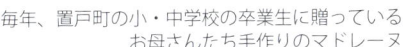

オケクラフトで「いただきま〜す」

町内の小・中学校に届けられる給食は約300人分。お昼どきになると、給食時間を楽しみにしていた子どもたちの賑やかな声が聴こえてきます。

その一つ、町立勝山小学校は、先生と全学年の子どもたちがホールに集まり、お座りをして給食時間を過ごす学校。当番の子がメニューをみんなに紹介し、一斉に「いただきま〜す！」。木のまち置戸町特産のオケクラフトを器に使い、盛られたおかずをどんどんたいらげる子どもたち。「このじゃがいも、○○ちゃんとこで採れたんだって」「だったら残しちゃダメだよ」。そんな温かい会話も日常的です。

給食を通じて地域の恵みを子どもたちに伝える置戸町の取り組みは、食育関連のコンクールで数々の受賞歴を重ねるなど、全国的にも高く評価されています。

勝山小の給食は正座が基本。「おかわりするときはみんなに聞いてから」など独自の約束事がある

子どもたちも参加して、撮影開始！

置戸町の給食のすばらしさをレシピ本として発信したい―。取材班のそんな思いに、地元の親子2組6人がこころよく協力してくれました。

撮影場所は置戸町公民館。器を持ち寄り、料理を作って、撮って、みんなで試食して。お母さんが材料を切ると、子どもたちは「僕がやる」「次は私も」とはりきり出し、どの工程も仕事の取り合いに。包丁使いの上手なお兄ちゃんを見て触発された弟くんが「僕はお皿洗いを頑張る！」と後片づけをしてくれたり、小3と小1の姉妹が「この料理、おうちでも作って」とお母さんにおねだりする場面もありました。

佐々木さんの直接指導で料理体験をしたお母さんたちも、料理のコツをふんだんに吸収し、「家ですぐにやれそう！」と満足げ。読んでくれる人と同じ目線で作ったこの本には、そんな楽しい舞台裏があります。

「給食が大好き！」という小3、小1の兄弟・姉妹とそのお母さんたちが撮影に参加。笑いの絶えない現場だった

給食も、家庭のごはんも、「おいしい」が大事。

置戸町　佐々木十美

置戸町で生まれ育ち、栄養士として学校給食に携わってから40年近くになります。給食は、子どもたちの心と体を支える大事なごはん。そして、地域の食文化を発信するという重要な役割を持っています。

いまは田舎にもコンビニがあり、どのスーパーも食材であふれています。たとえば、身近な加工食品にどんな添加物が使われているか、気にしたことはありますか。いつでもどこでも好きなものを食べられる環境は、たしかに便利かもしれません。でも、それって本当に幸せなことなのでしょうか。

自分自身を振り返ると、息子と娘が小さいとき、私は仕事優先で、ごはんを一緒に食べる時間を満足に持てませんでした。きっと寂しい思いをさせたんじゃないかと、あとになって悔やみました。その反省もあり、置戸町の子どもたちのために、給食を通じて何ができるだろうと考えるようになりました。食べることって、お腹がいっぱいになることじゃない。給食も、家庭のごはんも、「おいしい」と気持ちが満たされることがいちばん大事なんだ。その思いが、私を奮い立たせてくれました。

安くて便利なだけの加工食品や、大量調理には向くけれど家では使わない調味料を、給食調理の現場から減らしていきました。家庭のごはんと同じように、おいしさを優先する給食をめざすうち、食材選びや調理法が自ずと変わっていったのです。そうした長年の試行錯誤と地域のたくさんの方たちの支えがあって、置戸町の手作り給食が成り立っているのだと思います。

この本では、置戸町の子どもたちが「また作ってね！」とリクエストしてくれる学校給食の人気メニューを集めました。家庭でおいしい料理を作ってあげようと思ったとき、この本が、皆さんの身近な味方になれたらとても嬉しいです。

十美さんの三つ星レシピ

私が給食作りでいつも考えていること。
それは「子どもたちの味覚を育てたい」ということです。
食べものをおいしく味わうには、舌の記憶がとても重要です。
子どもたちにとって、味覚を育てることは
知識や視野を広げるのと同じくらい大切なことだと思います。
子どものときに食べたものは、
生涯にわたってその人の味覚に影響するんですから。

甘い、辛い、しょっぱい、酸っぱい、苦い。
「おいしい」にはいろんな味わいがあることを、舌で体験してほしい。
いますぐにわからなくても構わないんです。
大人になったときに舌の記憶が頼りになり、
何を選んで食べたらいいかが自然とわかるようになります。

そのために、給食作りでどんなことを大事にしているか、
私がふだん考えていることをお話しします。

1 食材の味がわかる調理法で

地元の旬の食材を使うと、季節感がわかります

私が置戸町産や北海道産など地元の食材を選ぶのは、身近な土地で採れたもののほうが体になじみやすいから。作物も人間も、同じ気候風土で育ったもの同士。だから相性がいいんです。食材は、できるだけ近い土地のものを選びましょう。

地元の旬の食材を生かした料理は、季節感を教えてくれます。食べものを通して四季の移り変わりを感じると、季節が待ち遠しくなります。自然の恵みに感謝する心は、そんな日常から生まれるのではないでしょうか。

おいしく安全な調味料を使いましょう

旬の食材をおいしく食べるには、調味料も重要です。それぞれの食材は、調味料なしでもちゃんと味があります。その良さを消してしまう味付けではもったいないですよね。

私のレシピは単純です。調味料は食材の味を引き立てるのが役割。だから、ドボドボと使ったりはしません。その代わり、質の良いものを厳選して使っています。余計なものを含まない、素性のわかる調味料なので、そのまま飲んでもおいしいものばかり。少量使うだけでぐっと味が引き立ちます。

調味料に気をつかうのは、わが子同然の子どもたちにおかしなものを食べさせたくないから。できるだけ天然に近い材料を使った調味料のほうが、味も良く安全です。

☛ おすすめ調味料【P112】

2 手作りがいちばん

手をかけた料理を、子どもは簡単には残しません

いまはコンビニでお弁当が買え、栄養を摂るためだけならサプリメントもあります。でも、手作りした料理には、何ともいえないおいしさがありますね。手作りの良さは、誰がどんなふうに作ったかがわかること。家族が一生懸命に作ってくれた料理を、子どもは簡単に残したりはしません。作る姿を見ているうちに感謝の気持ちが芽ばえ、それだけでおいしく感じるんです。

生活の基本は家庭から。家できちんとごはんを食べる習慣があれば、生活にリズムができます。家族で一緒に食べると自然と会話が増え、子どもの健康状態もわかります。

好みに応じて調理法を変えられ、工夫が生まれます

同じ食材でも、調理法によって味はどんどん変化します。じゃがいもだって、ほこっとした食感、シャキシャキした食感などいろんな味わい方がありますね。手作りすれば、切り方による味の違いも楽しめます。

子どもたちは、手作りの良さを本能的に知っています。学校の調理実習でも「自分で作ったのがいちばんおいしい」と言うくらい。調理法による味の違いを子どものうちにたくさん体験しておくと、好き嫌いは自然となくなります。

「料理に自信が持てない」というお母さんも、あまり気にしないでください。同じように作っても毎回少しずつ味が違う。それが料理の面白さなんです。味を決めるのは、作る人の責任。マニュアルにとらわれず、自分の舌を信じてください。そのためにも、ぜひ味見の習慣をつけましょう。

3 楽しみながら愛情を伝える

作る人が楽しくないと、おいしくなりません

料理って、食べる人だけのものではないと思います。何より、作る人が楽しい気持ちになれることが大事。いつも同じパターンだと簡単だけど、作るほうが飽きてしまいますよね。給食作りを仕事にしている私だって同じです。

だから、一つの食材でも、焼く・煮る・揚げる・蒸すなどいろんな方法を試してみます。「肉を魚に替えたら」「和食材をイタリアンに使ったら」など、思いつくまま冒険してみる。そのせいか「置戸町の給食メニューは繰り返しが少ない」とよく言われます。食材・味付け・調理法を組み合わせることで、どんどん応用できるのが料理の楽しさだと思います。

「おいしくな〜れ」の気持ちが、料理に工夫を生みます

楽しんで作った料理はそれだけで愛情にあふれています。「おいしくな〜れ」と思いながら作った料理と、面倒臭そうに作った料理とは大違い。鍋やフライパン、盛りつけた器の上にも、作る人の愛情がそのまま表れるものなんです。

おいしく食べてほしいと思えば、工夫が生まれます。焼き魚が苦手な子にいつもと違う揚げ魚を出しただけで、急に魚好きになることも珍しくありません。だから研究心が大事です。

ときには「せっかく作ったのに食べてくれない」ということもあるでしょう。子どもが好き嫌いをしたり、食欲がなかったりしても、無理して食べさせる必要はありません。前より少し食べられるようになったら十分。じっくり見守ることも愛情の一つです。

「栄養三色」を毎日のごはんに

「栄養三色」とは、食品を体内での働きによって黄・緑・赤の3つのグループに分ける考え方のことです。栄養バランスの良い食生活を心がけるなら、1日あたりの食品の量は「黄:緑:赤＝6:3:1」の割合が理想的です。

6 黄グループの食品＝熱や力になる

穀類　いも類　油脂類　砂糖類

不足すると力が出ない、息切れしやすくなる　など

3 緑グループの食品＝体の調子を整える

緑黄色野菜　その他の野菜　くだもの

不足すると風邪を引きやすい、太りやすい、疲れやすい　など

1 赤グループの食品＝血や肉になる

魚介・肉類　海藻類　卵類　牛乳・乳製品　豆製品

不足すると体の発育が悪くなる　など

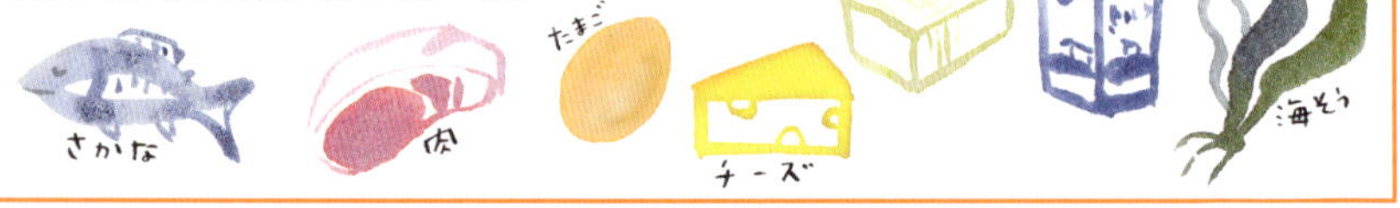

この本ではカロリー表示をしません

料理本などで見かける「カロリー表示」は、メニューを選ぶときに一つの目安になる情報ですが、この本ではあえてカロリー表示をしていません。理由は次のようなものです。

- カロリーよりも「食べたい」「おいしい」を大事にしたい
- 同じカロリーでも、体調・時間帯などによって体内への吸収率が違う
- 1品のカロリーよりも、1日の栄養バランスを優先したい
- 頭で考えることは最小限にし、心の満足をおいしさの基本にしたい

「バランスメーター」をメニュー選びの参考に

「栄養三色」を家庭のごはんに取り入れるなら、次の順でメニューを選ぶと、バランスの取れた食事になります。P22以降のレシピページにある栄養三色のバランスメーターを参考にしてください。1食あるいは1日で割合・量にばらつきがあっても、3日間くらいでバランスが取れれば十分です。

	メニューの選び順	組み合わせ例	
1	**主　食** ごはん・パスタ・めんなど「黄色」がメーンの主食を選ぶ。 【P22-47】	 ひき肉とひじきの炒め混ぜごはん	
2	**主　菜** 肉・魚料理など「赤」がメーンのおかずを割り当てる。 【P48-67】	 さんまのハーブ焼き	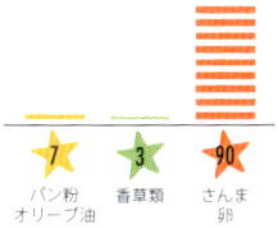
3	**副　菜** 野菜料理など「緑」がメーンのおかずを添える。 【P68-85】	 水菜とれんこんときんぴらのサラダ	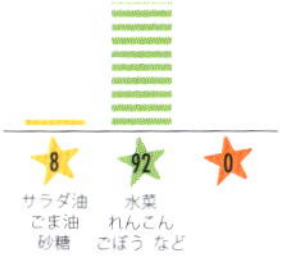
4	**汁もの** みそ汁・スープなどでバランスを補う。 【P86-99】	 じゃがいもニョッキのスープ	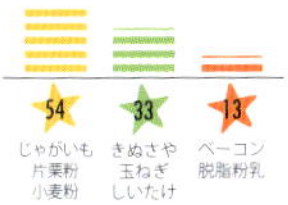

CONTENTS ★★★

おうちで給食ごはん

給食も、家庭のごはんも、「おいしい」が大事。 10

十美さんの三つ星レシピ 12

「栄養三色」を毎日のごはんに 16

レシピページの見方 21

ごはん

十美さんの三つ星ノート① 23

おいしい！の基本 24

豚キムチごはん 26

スパイシーピラフ 27

ひき肉とひじきの炒め混ぜごはん 28

サツマんま 29

炒めナムル丼 30

いなりちらし 31

きんぴら丼 32

手作りふりかけ 33

パスタ・めん

十美さんの三つ星ノート② 35

【親子でチャレンジ！】
手作りトマトピューレ 36

完熟トマトソースのスパゲティー 37

じゃがいもと豚肉のペペロンチーノ 38

水菜と油揚げのスパゲティー 39

ベーコンとアスパラのコーンクリームスパゲティー 40

中華風スパゲティー 41

十美さんの三つ星ノート③ 42

小松菜と鶏肉のスープうどん 43

豚みそカレーうどん 44

あさりみそ焼きそば 45

ごまだれそば 46

かき揚げうどん 47

肉料理

十美さんの三つ星ノート④ 49

おいしい！の基本 50

鶏肉ときのこの
みそトマトソース煮 52

鶏のはちみつしょうゆ照り焼き 53

カリカリチキンのねぎソース 54

豚肉のみそカツ 55

大根と豚肉のこっくり煮 56

ハンバーグごまみそソース 57

魚料理

十美さんの三つ星ノート⑤ 59

おいしい！の基本 60

さんまのハーブ焼き 62

さばのケチャップソース 63

かれいのごまこしょう揚げ 64

鮭の洋風西京焼き 65

たらのわかめ蒸し 66

ほっけのもみじ焼き 67

野菜料理

十美さんの三つ星ノート⑥ 69

おいしい！の基本 70

さつまいものサラダ 72

水菜とれんこんと
きんぴらのサラダ 73

ささみときゅうりの甘酢和え 74

シャキシャキいもの梅サラダ 75

キャベツ豆腐バーグ 76

ズッキーニの
くずひきしょうが風味 77

揚げかぼちゃの甘辛だれ 78

ふき佃煮 79

じゃがいものみそバター煮 80

ヤーコンとにんじんのかき揚げ 81

【野菜嫌い攻略メニュー】

ピーマンのそぼろスパゲティー 82

三色野菜の洋風きんぴら 83

揚げごぼうのごま和え 84

なすとしいたけのひき肉炒め 85

CONTENTS ★★★

みそ汁・スープ

十美さんの三つ星ノート⑦ …… 87

おいしい！の基本 …… 89

ふのりのみそ汁 …… 90

ごま風味豚汁 …… 91

鶏ごぼう汁 …… 92

さつまいもだんご汁 …… 93

キャロットポタージュ …… 94

かぶのスープ …… 95

大根と鮭のバター風味汁 …… 96

じゃがいもニョッキのスープ …… 97

切干大根のスープ …… 98

厚揚げときのこの酸辛湯《サンラータン》 …… 99

体調に合わせて作る

親ごころメニュー

十美さんの三つ星ノート⑧ …… 101

くずし豆腐のスープ …… 102

ねぎとしょうがのあんかけうどん …… 103

大根のやさしいスープ …… 104

ふんわり親子丼 …… 105

ヨーグルトパンケーキ …… 106

焼きポテト …… 107

【親子でチャレンジ！】
本格手作りカレールー …… 108

ポークカレー …… 110

おすすめ調味料 …… 112

置戸町給食カレンダー …… 114

あとがき …… 127

レシピページの見方

次ページから紹介するレシピ63品は、すべて置戸町の学校給食で実際に出されているメニューです。通常約300人分のところを、今回は家庭向けに4人分に換算してあります。

●レシピページでは、P16で紹介した「栄養三色」の食品群が各メニューでどのように取り入れられているか、量はどれくらいかについて、黄・緑・赤の星とバランスメーターで表示しています。メニューの組み合わせ方はP17を参考にしてください。

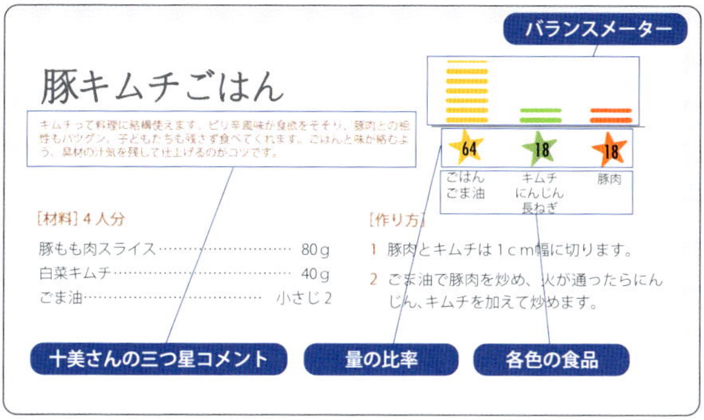

●調味料の分量表示について、各レシピページで「カップ」「大さじ」「小さじ」とあるのは次の通りです。
カップ＝200cc、大さじ＝15cc、小さじ5cc

●置戸町の給食調理では通常、鶏がら・豚がらでだしを取ってスープを作りますが、この本では、家庭で調理するときの手間を考え、「鶏がらスープのもと」「豚がらスープのもと」で代用しています。

ごはん

しっかりごはんを食べていますか？
ごはんは１杯でも栄養バランスが良く、毎日食べても飽きません。
置戸町の給食では、週５回のうち３回は「ごはんの日」です。
ところが、子どもたちから、ときどきこういう声を
聞くようになりました。
「白いごはんが食べられない」
「混ぜごはんは、口の中でいろんな味がするからイヤ」
日本人が昔から慣れ親しんできたごはん中心の食生活が
変わってきていると思いました。

ごはんをおいしく食べてほしい一心で
味のはっきりしたおかずにしてみたり、
混ぜごはんのバリエーションを広げるために
味や材料を工夫したりなど、試行錯誤の連続でした。
いまも反応はさまざまですが、「どんなものが食べたい？」ではなく、
「これを食べさせたい」と思うものを出すことにしています。

朝、学校へ行く前にごはんを食べれば
脳にきちんと栄養が届き、授業に集中しやすくなります。
歯とあごを使うことで、かむ力も育てられます。
毎日元気で過ごすためにも、
ごはんの良さをもっと見直してほしいと思います。

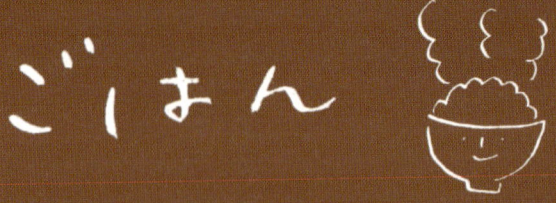

★ ★ ★

十美さんの三つ星ノート①

【ごはん】

●炊きたてがいちばん！

炊きたてのおいしさは、それだけで食欲アップにつながります。

●メニューに合わせて、炊き方を工夫しましょう。

普通の白いごはんを基本に、混ぜごはん、だし昆布入りごはんなどに合わせ、炊き方を工夫することができます。

●かんで味わう食感を生かしましょう。

軟らかすぎるごはんは、子どものかむ力を育ててくれません。ごはん粒が立つくらいの水分量で。

●炊き上がったら、5分以内に底から混ぜましょう。

炊き上がったら、全体を底から混ぜます。余分な水蒸気を飛ばし、一粒一粒がふっくらと仕上がります。

●いろんな具材を使って、ごはんもの一品でもバランス良く。

野菜、肉などの具材を工夫すれば、朝ごはんもこれひとつでバランスの良い一品になります。

ごはん

おいしい！ の基本

米を研ぐ

① 米をボウルに入れ、たっぷりと水を注ぎます。手早く 2、3 回大きくかき回し、洗い水を捨てます。

② リズムをつけながら、てのひらを使ってよく研ぎます。

③ 水を加えて軽く混ぜ、にごった水を捨てます。水が半透明になるまで 3、4 回、これを繰り返します。

米の底から白くにごった水が出ますが、でんぷんが流出しているだけなので、3、4 回より多く繰り返す必要はありません。

④ 米を炊飯器に移し、分量の水を入れます。すぐに炊くか、吸水させてから炊くかは、炊飯器の使い方にならってください。

ごはんが炊き上がったら

ごはんが炊き上がったら、5分以内に底から混ぜます。こうすることで水分量が一定になり、つやのあるふっくらしたごはんになります。

混ぜごはんを作る

混ぜごはん用にごはんを炊くなら、水分量はやや少なめに。あとで具材を汁ごと加えるので、混ぜるとちょうど良くなります。汁の色がごはん全体に絡むように混ぜましょう。

だし昆布入りごはんを作る

だし昆布入りごはんは「サツマんま」(P 29)、「いなりちらし」(P 31)で使います。ごはんを炊くときに、だし昆布を中に押し込むように入れるだけ。和風の混ぜごはんによく合います。

豚キムチごはん

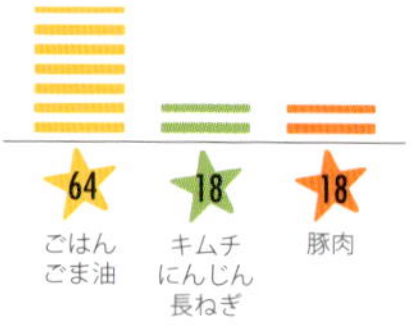

キムチって料理に結構使えます。ピリ辛風味が食欲をそそり、豚肉との相性もバツグン。子どもたちも残さず食べてくれます。ごはんと味が絡むよう、具材の汁気を残して仕上げるのがコツです。

[材料] 4人分

豚もも肉スライス		80g
白菜キムチ		40g
ごま油		小さじ2
にんじん(細切り)		小1/4本
A	酒	小さじ1と1/2
	しょうゆ	小さじ2
	水	大さじ2
長ねぎ(小口切り)		1/4本
ごはん		2合分

[作り方]

1 豚肉とキムチは1cm幅に切ります。

2 ごま油で豚肉を炒め、火が通ったらにんじん、キムチを加えて炒めます。

3 火を止めてAで味を調え、最後に長ねぎを加えてひと煮立ちさせます。

4 炊き上がったごはんに3を汁ごと加え、手早く混ぜ合わせます。

スパイシーピラフ

コクとパンチのある混ぜごはん。子どもの好きなカレーとウインナーを使っているので、ピーマン嫌いの子もモリモリ食べてくれます。ごはんさえあれば短時間で作れるメニューで、忙しいお母さんにおすすめです！

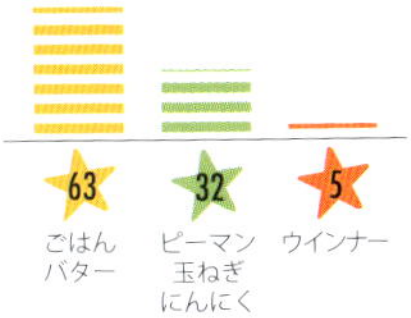

［材料］4人分

ピーマン	3個
バター	10g
にんにく（みじん切り）	1かけ
玉ねぎ（薄切り）	1/2個
ウインナーソーセージ（小口切り）	2本
A　カレー粉	小さじ1
A　ケチャップ	大さじ2と1/2
A　塩、ブラックペッパー	各少々
水	カップ1/4
ごはん	2合分

［作り方］

1 ピーマンは縦半分にし、種を取って細切りにします。

2 バターでにんにく、玉ねぎ、ウインナーを炒め、Aを加えて調味します。最後に水とピーマンを入れて炒めます。

3 炊き上がったごはんに2を汁ごと加え、ごはんの色が均一になるよう手早く混ぜ合わせます。

ひき肉とひじきの炒め混ぜごはん

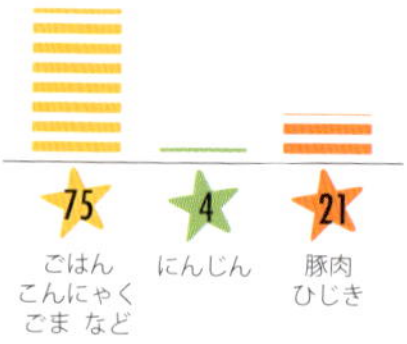

ひじきは低カロリーで鉄分たっぷり。優秀な食材なのに、あまり食べられていないのはもったいない！　ブラックペッパーと合うなんて意外でしょう？　ひじきはひき肉との相性も良く、和洋どちらにも合います。

［材料］4人分

ひじき…………………………… 大さじ2
つきこんにゃく…………………… 40g
サラダ油…………………………… 適量
豚ひき肉…………………………… 80g
にんじん（細切り）………………… 小1/4本

A
- 砂糖、酒 ………………………… 各小さじ1
- しょうゆ……………… 大さじ1と1/3
- オイスターソース…………… 小さじ1
- ブラックペッパー………………… 少々

ごはん………………………………… 2合分
白いりごま………………………… 適量

［作り方］

1 ひじきは水に戻して洗います。つきこんにゃくは湯通しして臭みを抜き、食べやすい長さに切ります。

2 油で豚肉をよく炒め、にんじん、つきこんにゃく、ひじきを順に加えて炒めます。Aを順に入れて調味します。

3 炊き上がったごはんに2を汁ごと加え、白ごまを入れて手早く混ぜ合わせます。

サツマんま

栗ごはんみたいな懐かしい味のする混ぜごはんです。四角いコロコロがいっぱい、見た目に楽しいと食欲も旺盛になります。さつまいもは3の工程で煮すぎず、四角い形が残るくらいに仕上げましょう。

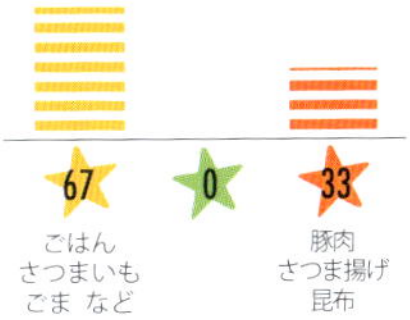

［材料］4人分

A	米	2合
A	だし昆布（2cm幅）	10cm
各1cm角切り	豚もも肉ブロック	120g
各1cm角切り	皮つきさつまいも	120g
各1cm角切り	さつま揚げ	80g
	しょうゆ	少々
	サラダ油	適量
	水	適量
B	酒	小さじ2
B	本みりん	小さじ1
B	しょうゆ	大さじ1と1/3
	黒いりごま	小さじ1

［作り方］

1 Aでだし昆布入りごはんを炊きます。

2 豚肉はしょうゆを振っておきます。

3 油で豚肉を炒め、火が通ったらさつまいもを加え、ひたひたの半分程度の水を入れて煮ます。

4 材料が軟らかくなったらさつま揚げを加え、Bで味を調えます。

5 ごはんが炊き上がったら、昆布を取り出して細切りにします。ごはんに昆布と具を入れ、さっくりと混ぜ合わせます。好みで黒ごまを振ります。

炒めナムル丼

ごま油の香ばしさが後を引くおいしさです。もやしはヒゲを取ると味がすっきりするので、ぜひお子さんに手伝ってもらいましょう。3の炒める工程は強火で手早く！　もやしのシャキッとした食感が生かせます。

[材料] 4人分

A
- 豚もも肉スライス……………………120g
- 長ねぎ(みじん切り)……………1/4本
- にんにく(すりおろし)…………2かけ
- しょうゆ………………大さじ1と1/2
- ごま油………………………大さじ1/2
- 本みりん……………………小さじ1

もやし………………………………………1袋
ピーマン……………………………………2個
玉ねぎ(くし型切り)…………………1/2個
にんじん(細切り)……………………小1/3本

B
- 鶏がらスープのもと………小さじ1/2
- 水……………………………カップ1/2

ホワイトペッパー…………………………少々
ごはん……………………………………3合分
白いりごま…………………………………少々

[作り方]

1 豚肉は1cm幅に切ります。Aの材料は混ぜておきます。

2 もやしはヒゲを取り除いて軽く洗います。ピーマンは縦半分にしてへたを取り除き、種つきのまま細切りにします。

3 油を引かずに1を炒め、玉ねぎ、にんじんを加えて炒めたあと、もやし、Bを入れて煮ます。

4 ピーマン、ホワイトペッパーを加えてさっと炒めます。

5 ごはんを丼に盛って具をのせ、白ごまを振ります。

いなりちらし

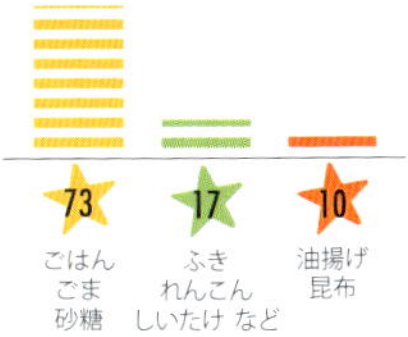

おいなりさんの材料で作る即席混ぜごはん。この作り方なら難しくないでしょ？　水煮のふきとれんこんは漂白されている場合が多いので、下ゆでしてから使うと食感も軟らかくなり、おいしく仕上がります。

［材料］4 人分

A	米	2 合
	だし昆布（2cm 幅）	10cm
B	ふき水煮	20g
	れんこん水煮	40g
	油揚げ	3 枚
	干ししいたけ	1 枚
	にんじん（細切り）	小1/4 本
	しょうが（すりおろし）	1/2 かけ
	しいたけ戻し汁、水	各適量
C	本みりん	小さじ 1
	砂糖	大さじ 3
	酒	小さじ 2
	しょうゆ	大さじ 4 と 1/2
	塩	少々
	米酢	40cc
	白いりごま	適量

［作り方］

1 A でだし昆布入りごはんを炊きます。

2 ふきとれんこんは、軽く下ゆでして、ざるにあげます。ふきは小口切り、れんこんは粗みじん切りにします。

3 油揚げは湯に通し、油抜きをして縦 1/3 の細切り、干ししいたけは水に戻して細切りにします。

4 しいたけの戻し汁で B の材料を煮ます（ひたひたより少なめ。足りなければ水を補う）。煮立ったら C を入れ、米酢を加えます。

5 ごはんが炊き上がったら、昆布を取り出して細切りにします。ごはんに昆布、具、白ごまを加え、さっくりと混ぜ合わせます。

きんぴら丼

「きんぴらをあまり食べたことがない」という子が割といるので、昔ながらの人気惣菜の味をきちんと伝えたいと思って作りました。具材は長さをそろえて切ると食べやすく、見た目にもきれいです。

［材料］4人分

豚もも肉スライス	120g
ごぼう	2本
にんじん	小1/3本
さつま揚げ	40g
きくらげ	適量
しらたき	60g
干ししいたけ	大1枚
サラダ油	適量
水	適量
A 本みりん	小さじ1
A 砂糖	大さじ1
A 酒	小さじ2
A しょうゆ	大さじ2と1/2
長ねぎ（小口切り）	1/4本
白いりごま	適量
ごはん	3合分

［作り方］

1 豚肉は2cm幅に切り、ごぼうとにんじんは細い拍子木切り、さつま揚げは縦半分の細切りにします。きくらげは水に戻して細切り、しらたきは2cm幅に切ります。しいたけは水に戻して細切りにします。

2 油で豚肉を炒め、ごぼう、にんじんを加えてから、しいたけの戻し汁で煮ます（ひたひた程度。足りなければ水を補う）。

3 煮立ったらきくらげ、しいたけ、しらたき、さつま揚げを加え、Aで味を調えます。長ねぎを入れ、火を止めて白ごまを加えます。

4 ごはんを丼に盛り、具をのせます。

手作りふりかけ

ごはんがすすむふりかけは、天然の材料で中身のわかる安全なものを食べさせたいですね。お弁当やおにぎり、冷ややっこにも使えます。削り節は、だしを取ったあとのものを再利用してもいいですよ。

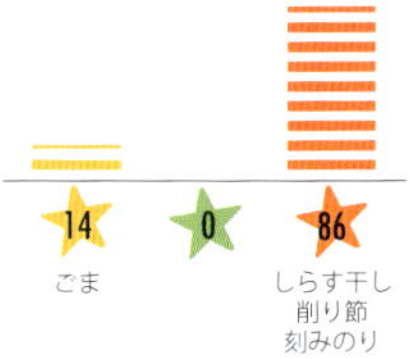

［材料］30食分

しらす干し…………………… 140g
白いりごま…………… 大さじ3
A［本みりん………… 小さじ2
　 しょうゆ………… 大さじ1
削り節………………… カップ2
刻みのり……………… カップ1

［作り方］

1 しらす干し、白ごまをフライパンで空炒りします。

2 Aで調味し、削り節、刻みのりを加えてさっと炒めます。

※できあがったら、びんなどの容器に入れて冷蔵庫で保存します。

パスタ・めん

「あ、ごはんがない」というときにも、
パスタやめんは手軽に作れるので重宝しますね。
家庭では作ってすぐに食べることができますが、
給食では配送の時間が必要なので、
食べるときにちょうど良い食感になるにはどうしたらいいか
ずいぶん試行錯誤しました。
作ったときに食べごろの状態だと、
子どもたちが食べるときには〝だんご〟になってしまいますから。
パスタやめんは、食べるタイミングを意識してゆで上げる。
これが鉄則です。

ところで、給食で使うめん類はパック詰めが常識と聞きますが、
おいしいといえる味かどうかは疑問です。
置戸町の給食では一度だけ出しましたが、すぐやめました。
いつ、だれが、どんな状態で作り、
時間がどれだけ経っているかわからないのも不安です。
自分でゆでれば、暑い季節でも味の劣化を心配しなくて済みます。
パスタやめんは、具材の組み合わせで工夫ができます。
身近な材料を使って、いろんなレシピに挑戦してみてください。

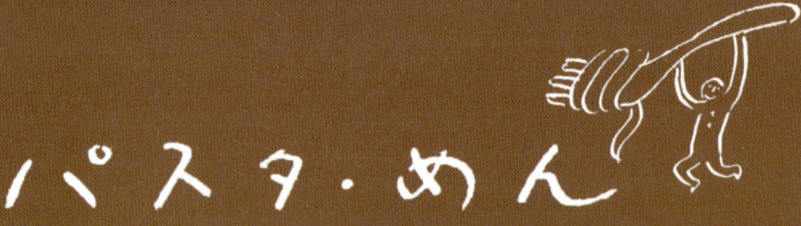

★ ★ ★

十美さんの三つ星ノート②

【パスタ】

● **おいしくするには、スピード感が大事です。**

パスタは食感が大事。加熱時間を見極めるために、集中しながら手早く調理しましょう。

● **仕上がりは「アルデンテ」に。**

理想的なゆで方「アルデンテ」は、パスタの中心にほんの少し芯を感じる程度。仕上がりは、このかたさをめざしましょう。

● **ソースのでき上がりに合わせ、かためにゆでましょう。**

ゆでたてがアルデンテでも、ソースと一緒に加熱するとさらに軟らかくなります。1.7mm（ゆで時間 8 分）のパスタなら、ゆで時間は短めの 5、6 分にして、あとはソースの中で加熱しましょう。

● **ゆで汁をソースにからめるのがポイント。**

でき上がる直前のソースにパスタのゆで汁を加えると、味がパスタになじみやすくなります。

● **具材・ソースを工夫して、和洋中のアレンジに挑戦しましょう。**

「パスタ料理＝洋風」と決めつけることはありません。具材とソースを工夫すれば、和洋中のレパートリーが広がります。

親子でチャレンジ！

手作りトマトピューレ

塩を一切使わず、そのまま飲んでもおいしい清らかな味のトマトピューレです。煮込み料理にも活用できますよ。

※トマト 1kg でトマトピューレ約 420g 分ができます。

[作り方]

1 完熟トマトのへたを取り除き、一晩水に浸けておきます。こうすると、トマトのあくが抜けます。浸け終わった水は全部捨てます。

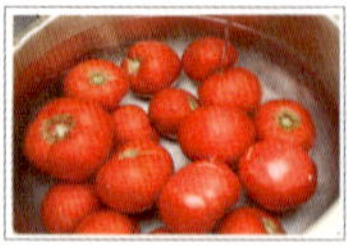

2 鍋にたっぷりの熱湯を用意して 1 のトマトを浸し、皮がむけたら、ざるにあげます。

3 皮を全部取り除き、1個を 6 等分くらいに切り分けます。

4 ボウルを 2 つ用意します（種用ボウルと果肉用ボウル）。

5 指で種を残らずかき出し、種用ボウルに入れます。果肉のみを果肉用ボウルに入れます。

取った種は捨てないで！ピューレには使いませんが、トマトジュースとしておいしく飲めます。

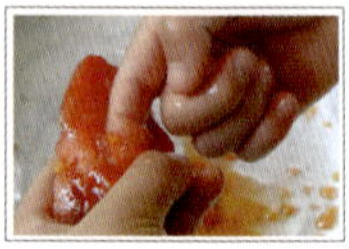

6 果肉をミキサーにかけ、鍋に移して中火から弱火で煮詰めます。煮立たせないようにじっくりと！

7 量が半分くらいになるまで煮詰めます。

煮詰めると赤色が鮮やかになります。

[びん詰めをするとき]

1 びん詰めに使うびん、ふた、じょうごなどを煮沸消毒します。

2 トマトピューレを熱いままびんに入れます。

3 空気を追い出すためにトマトピューレをびんからあふれさせ、手早くしっかりとふたをします。熱いので要注意！

4 びんを湯できれいに洗い、粗熱が取れてから冷蔵庫で一晩冷やします。あとは常温で保存できます。

真空のままなら長く持ちますが、ふたを開けたら 1 週間くらいで使い切りましょう。

完熟トマトソースのスパゲティー

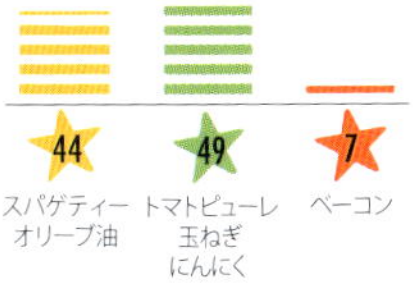

手作りトマトピューレを使ったスパゲティーは、レトルト品やケチャップとは違う後味の良さがあります。トマト本来の味がしっかり伝わってくるので、子どもたちにも人気です。

[材料] 4人分

スライスベーコン…………………………… 3枚
オリーブ油………………………… 大さじ2
にんにく（みじん切り）……………… 1かけ
玉ねぎ（薄切り）…………………… 中1/2個
スパゲティー………………………………… 320g
A ［ トマトピューレ………………………… 480g
　 　 塩、ブラックペッパー ………… 各少々
スパゲティーゆで汁……………………… 180cc

[作り方]

1 ベーコンは1cm幅に切ります。

2 フライパンにオリーブ油とにんにくを入れ、中火にかけます。香りが出たらベーコンと玉ねぎを加えてよく炒めます。

3 スパゲティーは、ソースのでき上がり時間に合わせて、かためにゆでます。

4 2をAで調味し、スパゲティーのゆで汁を入れます。最後にスパゲティーを加えて混ぜます。

じゃがいもと豚肉の
ペペロンチーノ

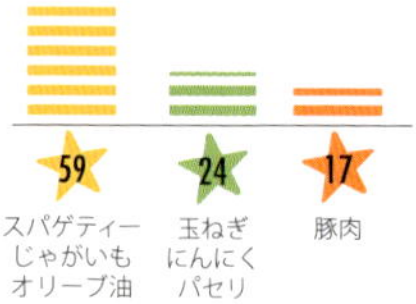

「じゃがいもを使ったパスタ料理ってあんまりないな」と作ってみたら、これが好相性！　シャキッとした食感を残すために、じゃがいもは色が透き通るくらいに仕上げましょう。

［材料］4人分

じゃがいも	中3個
豚もも肉スライス	120g
オリーブ油	大さじ3
にんにく（みじん切り）	1かけ
スパゲティー	320g
玉ねぎ	1と1/2個
スパゲティーゆで汁	180cc
A［一味唐辛子、塩	各少々
A［しょうゆ	大さじ1と1/3
パセリ（みじん切り）	10g

［作り方］

1 じゃがいもは半分にして5mm幅に、豚肉は1cm幅に切ります。

2 フライパンにオリーブ油とにんにくを入れ、中火にかけます。香りが出たら豚肉を入れて強火で炒めます。

3 スパゲティーは、ソースのでき上がり時間に合わせて、かためにゆでます。

4 2に玉ねぎ、じゃがいもを加えて炒め、スパゲティーのゆで汁を入れて煮ます。

5 Aで調味し、スパゲティーとパセリを加えて混ぜます。

水菜と油揚げのスパゲティー

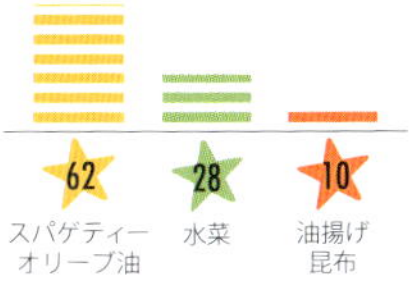

パスタには普通使わない昆布だしと油揚げが、いい味出してます！　油揚げは、へらで押しつけるように焼いてパリッとさせるのがコツ。香ばしさが引き立つ和風味のスパゲティーです。

［材料］4人分

A
- だし昆布（2cm幅）…… 3cm
- 水…… 50cc

水菜…… 1把
油揚げ…… 3枚
オリーブ油…… 大さじ3
スパゲティー…… 320g
水…… 50cc
スパゲティーゆで汁…… 180cc
塩…… 少々

［作り方］

1 Aを10分くらい浸しておきます。水菜は2cm幅に切り、油揚げは湯に浸して油抜きをしてから細切りにします。

2 オリーブ油で油揚げをパリッとするまで炒め、Aを加えて軽く煮詰めます。

3 スパゲティーは、ソースのでき上がり時間に合わせて、かためにゆでます。

4 2にスパゲティーのゆで汁を加えてから昆布を取り出し、塩で調味します。

5 スパゲティーと水菜を交互に加え、さっと炒めます。

ベーコンとアスパラの
コーンクリームスパゲティー

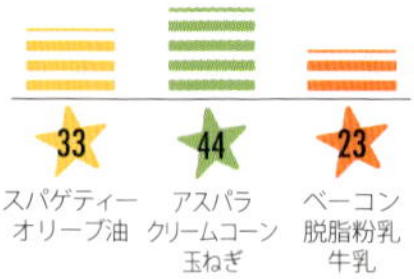

アスパラの旬のおいしさが味わえる、うまみとコクのあるメニューです。
保存のきく脱脂粉乳は手軽にカルシウムがとれ、料理の幅も広がります。
脱脂粉乳は牛乳の前に入れるとダマになりにくいですよ。

［材料］4人分

	スライスベーコン	3枚
	グリーンアスパラ	2本
	オリーブ油	大さじ2
	玉ねぎ（薄切り）	中1/2個
	固形コンソメ	1/2個
	スパゲティー	320g
A	クリームコーン	150g
A	脱脂粉乳	大さじ2
A	牛乳	120cc
	スパゲティーゆで汁	180cc
B	塩、ホワイトペッパー	各少々

［作り方］

1 ベーコンは1cm幅に切り、アスパラははかまを取り除いて厚さ5mmの斜め切りにします。

2 オリーブ油でベーコンを炒め、玉ねぎを加えてよく炒めます。アスパラと、くだいたコンソメを入れてさらに炒めます。

3 スパゲティーは、ソースのでき上がり時間に合わせて、かためにゆでます。

4 2にAを順に入れます。スパゲティーのゆで汁を加え、Bで調味します。

5 スパゲティーを加えて混ぜます。

中華風スパゲティー

「パスタはこうあるべき」と思わず、自由な発想で作ってみましょう。中華風って新鮮だと思いませんか？　ごま油の香りで野菜がたっぷりとれるメニュー。ピーマンは種つきのまま使うと味がまろやかになります。

50　50　0

スパゲティー
ごま油
砂糖

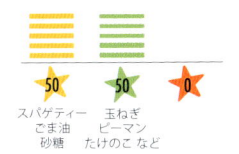

玉ねぎ
ピーマン
たけのこ など

［材料］4人分

玉ねぎ……………………………中1/2個
ピーマン……………………………1個
たけのこ水煮……………………………80g
きくらげ……………………………2枚
ごま油……………………大さじ1と1/2
にんにく（みじん切り）………………1かけ
にんじん（細切り）………………中1/5本
スパゲティー……………………………320g
味付ザーサイ（みじん切り）……………10g
A　酒……………………………大さじ2
　　砂糖……………………………小さじ1
　　しょうゆ……………………………大さじ3
スパゲティーゆで汁……………………180cc
ごま油……………………………少々
B　塩、ホワイトペッパー　…………各少々

［作り方］

1 玉ねぎは1cm幅のざく切り、ピーマンはへたを取り除き、種つきのまま細切りにします。たけのこは軽くゆでてから短冊切り、きくらげは水に戻して1cm幅に切ります。

2 フライパンにごま油とにんにくを入れて火にかけ、炒めます。さらに玉ねぎ、にんじんを入れてよく炒めます。

3 スパゲティーは、ソースのでき上がり時間に合わせて、かためにゆでます。

4 2にたけのこ、ザーサイ、きくらげ、ピーマンを加えて炒め、Aで調味します。スパゲティーのゆで汁を加えます。

5 スパゲティーを加えて混ぜます。ごま油で香りづけし、Bで味を調えます。

★ ★ ★

十美さんの三つ星ノート③

【めん】

- **乾めんをゆでたら、水洗いしてぬめりを取りましょう。**

乾めんはたっぷりの湯でゆでたあと、必ず水洗いして。ぬめりを取ると、スープがきれいに仕上がります。

- **だしを工夫して、スープに深みを出しましょう。**

かつおと昆布、かつおと鶏がらなど、複数のだしを組み合わせるとスープに深みが増します。

- **うまみ野菜を使うと、味がグレードアップします。**

長ねぎや玉ねぎ、しょうがなど、苦味・辛味のある野菜は、スープの味をぐんと引き立ててくれます。

- **肉・魚介類を組み合わせてバランス良く。**

具材は野菜だけでなく、肉や魚介類も使うとおいしくなり、栄養バランスも良くなります。

- **季節や食欲に合わせて、めんを温かく、冷たく。**

食べやすく消化の良いめんは、温かくも冷たくも楽しめます。レシピを参考にどんどんアレンジしてください。

小松菜と鶏肉のスープうどん

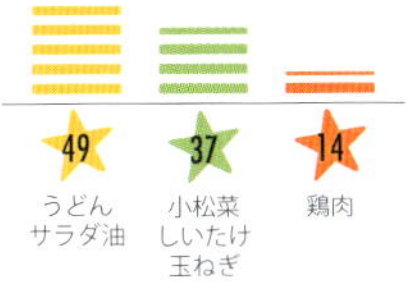

普通の和風だしとは違い、ブラックペッパーを利かせた洋風スープ仕立てです。だしを取る手間がそれほどかからず、野菜からもたっぷりとだしが出るので、うまみが凝縮されています。

［材料］4 人分

	小松菜	2 把
	干ししいたけ	2 枚
A	鶏がらスープのもと	大さじ 1と1/3
	水	カップ 6
	サラダ油	適量
	鶏むね肉（薄切り）	120g
	玉ねぎ（薄切り）	1/4 個
B	しょうゆ	40cc
	塩、ブラックペッパー	少々
	うどん乾めん	400g

［作り方］

1 小松菜は 1cm 幅に切ります。しいたけは水で戻して細切りにし、戻し汁は取っておきます。

2 A の材料でスープを作ります。

3 油で鶏肉、玉ねぎ、しいたけを炒め、しいたけの戻し汁と 2 のスープを加えて煮ます。途中であくを取ります。

4 B で調味し、小松菜を入れてひと煮立ちさせます。

5 うどんをゆで、水洗いをしてから湯で温め、丼に入れて 4 のスープを注ぎます。

豚みそカレーうどん

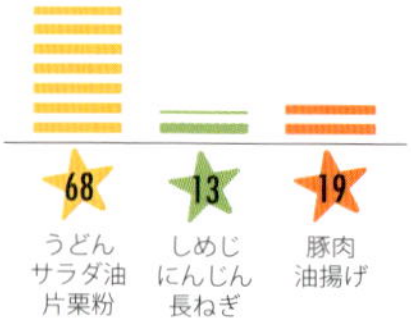

冬はもちろん、意外に代謝の落ちやすい夏もおすすめのメニュー。夏バテ対策にも。だしをしっかり取っているので、おそば屋さん並みの味が楽しめます。みそとカレーって、どうしてこんなに合うんでしょうね？

［材料］4人分

A
- 混合厚削り節…… 20g
- 水…… 1200cc

豚がらスープのもと…… 小さじ1
豚もも肉…… 100g
しめじ…… 1/2袋
長ねぎ…… 1/3本
サラダ油…… 適量
にんじん（細切り）…… 1/5本
カレー粉…… 大さじ3/4
油揚げ（細切り）…… 1枚

B
- しょうゆ…… 大さじ1
- みそ…… 大さじ3と1/3
- 一味唐辛子…… 少々

片栗粉…… 大さじ2
うどん乾めん…… 400g

［作り方］

1 Aの材料で和風だしを作ります。約40分煮出したら削り節を取り出し、豚がらスープのもとを加えます。

2 豚肉は2cm幅に切ります。しめじは石づきを取って1本ずつに分け、長ねぎは薄い斜め切りにします。

3 油で豚肉を炒め、にんじん、しめじ、カレー粉を加えてさらに炒めます。

4 油揚げと1のだし汁を入れ、Bで調味します。長ねぎを入れ、水溶き片栗粉でとろみをつけて煮立たせます。

5 うどんをゆで、水洗いをしてから湯で温め、丼に入れて4を注ぎます。

あさりみそ焼きそば

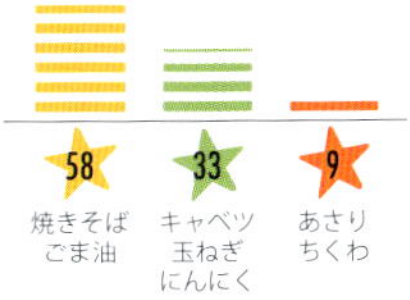

焼きそばといえばソース味の印象が強いので、変化のあるみそ味にしてみました。肉の代わりに使ったあさりは深いコクを出してくれます。〝みそ味のシーフード焼きそば〟というイメージかな。

[材料] 4人分

冷凍あさり(むき身)…… 60g
キャベツ…… 1/4個
焼きちくわ…… 1本
ごま油…… 小さじ2
にんにく(みじん切り)…… 1かけ
玉ねぎ(薄切り)…… 1/3個
A
- 本みりん…… 小さじ1
- みそ…… 大さじ2強
- 塩、一味唐辛子…… 各少々

焼きそば蒸しめん…… 480g

[作り方]

1 あさりは軽く洗って水切りします。キャベツは1cm幅に、ちくわは縦半分にして3mm幅に切ります。

2 ごま油でにんにく、あさり、玉ねぎ、ちくわ、キャベツの順に炒めます。

3 Aで調味し、めんをほぐして加え、炒めます。

ごまだれそば

子どもはめんが大好き。以前「つけラーメン」が好評だったので、そばに応用したのがこのメニュー。和風に見えますが、コクのある中華風つけだれは新鮮な味です。うどんやそうめんにも応用できますよ！

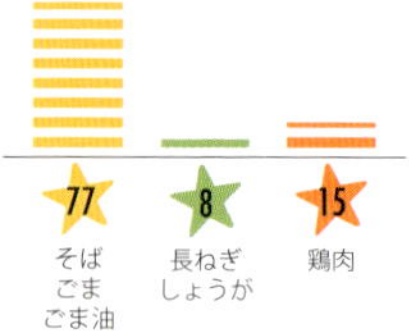

[材料] 4 人分

A
- 混合厚削り節…………………………… 少々
- だし昆布（2cm 幅） ……………… 2cm
- 水………………………………… 500cc

ごま油……………………………… 小さじ 2
鶏むね肉（薄切り）……………………… 80g
しょうが（すりおろし）……………… 1 かけ

B
- 鶏がらスープのもと………… 小さじ 1
- 粉末しいたけ（P113 参照、なくても可）
 ………………………………… 少々

C
- 本みりん…………………… 小さじ 1/2
- しょうゆ…………………………… 40cc
- 一味唐辛子……………………… 少々
- 白ねりごま…………………… 大さじ 1
- 白すりごま…………………… 小さじ 1

長ねぎ（小口切り）……………… 1/2 本
そば乾めん………………………… 400g

[作り方]

1 A の材料でだし汁を作ります。厚削り節と昆布を 30 分程度水に浸け、火にかけます。沸騰直前に昆布を取り出し、約 30 分中火で煮出してこします。取り出した昆布は細切りにしておきます。

2 ごま油で鶏肉としょうがを炒め、1 のだし汁と B、刻んだ昆布を入れ、C で調味して煮立たせます。あくを取り、長ねぎを加えます。

3 そばはゆでて水洗いをして器に盛り、2 のつけだれは小鉢に盛ります。

かき揚げうどん

じゃがいも入りのかき揚げが香ばしい、野菜たっぷりのうどんメニュー。野菜が苦手な子も、かき揚げだとよく食べます。つゆにのせるので、かために揚げるのがコツ。そのままでも、浸しても、香ばしく食べられます。

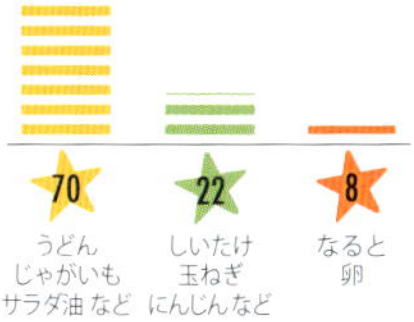

［材料］4人分

A	混合厚削り節	20g
	だし昆布（2cm幅）	6cm
	水	1200cc
	干ししいたけ	4枚
	なると	40g
	豚がらスープのもと	小さじ2
B	酒	小さじ2
	本みりん	小さじ1
	しょうゆ	90cc
C	玉ねぎ（薄切り）	1/2個
	にんじん（細切り）	1/5本
	ピーマン（細切り）	1個
	じゃがいも（細切り）	1/2個
D	小麦粉	60g
	溶き卵	1個分
	塩	少々
	サラダ油	適量
	うどん乾めん	400g

［作り方］

1 Aの材料でだし汁を作ります。厚削り節と昆布を30分程度水に浸け、火にかけます。沸騰直前に昆布を取り出し、約30分中火で煮出してこします。取り出した昆布は細切りにしておきます。

2 しいたけはひたひたの水で戻して細切りにし、戻し汁は取っておきます。なるとは縦半分の薄切りにします。

3 1のだし汁にしいたけの戻し汁と豚がらスープのもと、刻んだ昆布を加え、しいたけ、なるとを入れます。Bで調味し煮立たせます。

4 Cのかき揚げの材料をDの衣に混ぜ、180℃の油で揚げます。

5 うどんはゆでて水洗いをして湯で温め、丼に入れます。かき揚げをのせて3の汁を注ぎます。

肉料理

子どもたちは肉料理が大好き。
置戸町の給食では、鶏肉と豚肉をよく使っています。
どちらの肉も部位によって栄養が違いますが、
選ぶときは、淡いピンク色でつやのあるものを目安にしましょう。
肉は新鮮さが命ですからね。

スーパーに並ぶ肉はあらかじめ切り分けてありますが、
給食ではできるだけかたまり肉を仕入れています。
部位や状態がはっきりわかるものを使うほうが安心できるし、
スライスから角切りまで切り方も自由自在だから。
ひき肉だって、中身を意識すると買い方が違ってきますよ。
〝豚ひき肉〟と表示されていても、
豚のどこを使っているか、混ぜものがないか、いつひいたのかなど、
見た目ではわかりません。
だから給食では、新鮮な豚もも肉、鶏むね肉を買ってその都度ひきます。
家庭では、粗く切って包丁でたたいても良いでしょう。
お店でひき肉を買うなら、部位を指定してひいてもらうか、
ひきたての新鮮なものかを確かめるようにしましょう。
「いい食材を選ぶとこんなに味が違うんだ」とわかるはずです。

★ ★ ★

十美さんの三つ星ノート④

【肉料理】

● 下味をつけるだけで、肉のおいしさが違ってきます。

臭みを取り、肉のうまみを引き出すのが下味。ひと手間かけるだけで、味の仕上がりが違います。

● 焼きムラを防ぐために、切り方を工夫しましょう。

厚みのある肉の生焼け、焼きすぎを防ぐには、火の通りが均一になるよう切り方を工夫しましょう。【P50参照】

● 焼き始めは強火で、裏返したら中火で。

恐る恐る弱火で始めると、うまみが逃げてしまいます。焼き始めは強火で、片面に火が通ったら裏返して中火で。

● 衣つけは手を抜かず、全体にまんべんなく。

肉の衣つけは、手を抜かずていねいに。肉のうまみが閉じ込められ、仕上がりもきれいになります。

● 野菜もたっぷりとって、バランスの良いひと皿にしましょう。

肉料理単品ではなく、野菜と一緒に調理するか、野菜のつけ合わせでバランス良く食べましょう。

肉料理

おいしい！の基本

厚さを均一にする

厚みのある肉を調理するときは、包丁を入れて全体の厚さを均一にします。短時間でムラなく火が通り、焼きすぎや生焼けを防ぐことができます。

●筋切り

豚ロース肉は焼いたときに縮まないよう、赤身と脂身の境の筋を 4､5カ所切っておきます。

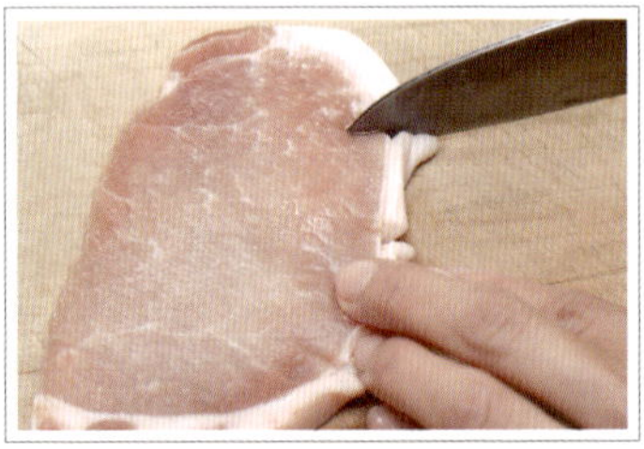

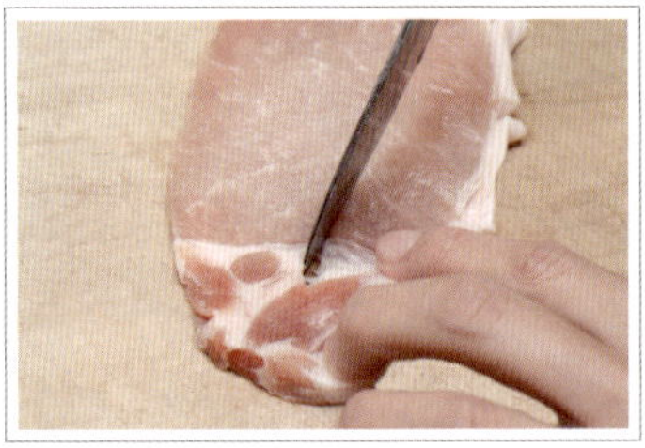

●観音開き

鶏肉で厚みのあるものは真ん中に包丁を入れ、次に左右に向かってそいで開きます。

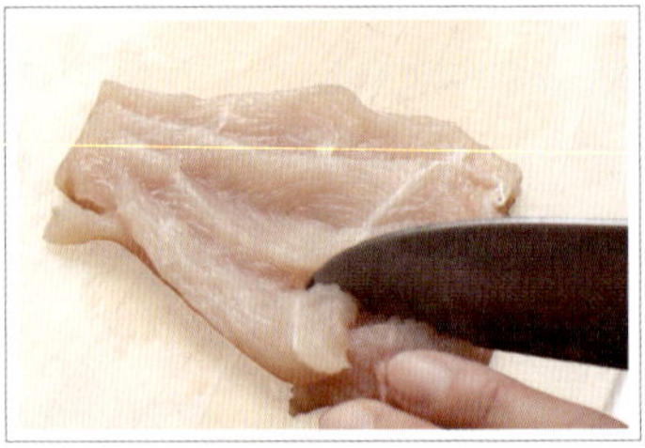

軟らかくする

豚肉で厚みのあるものは、包丁の背で縦・横にたたいておきます。火を通したときに肉を軟らかく仕上げることができます。

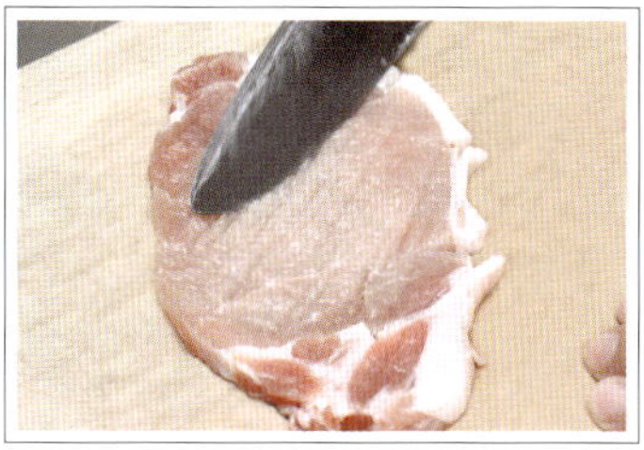

下味をつける

肉料理をおいしくするコツは、調理前の下味つけ。塩・酒・ワインなどを振って味を浸透させておくと、肉の臭みが抜け、味に奥行きが出ます。下味をつけたあとは 30 分程度置いてください。一般的なレシピより長いですが、このほうが肉に味がなじみます。

衣をつける

小麦粉やパン粉などの衣は、肉のうまみを閉じ込める大事な役目。途中ではがれないよう、水気をよくふき取り、全体にムラなくつけましょう。多めにつけたあと、余分な粉を手で払い落とすときれいにつきます。

鶏肉ときのこのみそトマトソース煮

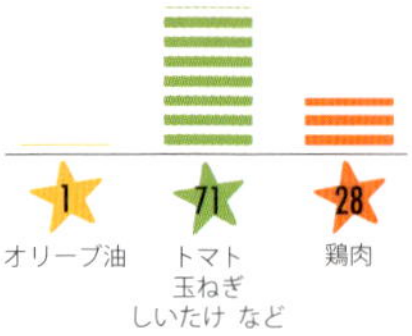

置戸町の手作りみそとトマトピューレを煮込み料理に使ってみました。どちらもよく使うけれど、合わせると相性ぴったりの新鮮なおいしさ！　塩とブラックペッパーの量は、みその塩分に応じて調節してください。

[材料] 4人分

	鶏むね肉	200g
A	白ワイン	少々
A	塩	少々
A	ホワイトペッパー	少々
	トマト	1/2個
	ピーマン	1個
	オリーブ油	大さじ1
	玉ねぎ（くし型切り）	3/4個
	生しいたけ（細切り）	3個
	エリンギ（短冊切り）	1本
B	トマトピューレ	カップ1/2
B	しょうゆ	大さじ1
B	みそ	大さじ1/2
C	塩、ブラックペッパー	各少々

[作り方]

1 鶏肉は一口大に切り、Aで下味をつけます。トマトは湯むきして2cmの角切りに、ピーマンは種つきのまま1cm幅に切ります。

2 油で鶏肉を炒め、火が通ったら取り出します。

3 玉ねぎを炒め、しいたけ、エリンギ、トマトを加えてさらに炒めます。

4 2の鶏肉を入れ、Bを混ぜ合わせて調味します。

5 Cで味を調え、ピーマンを入れて炒めます。

鶏のはちみつ しょうゆ照り焼き

ちょい辛ソースが鶏肉にぴったり。すっきりした甘みのはちみつを使うと、素材の味を引き立ててくれます。ソースがよく絡むよう、鶏肉は皮目から焼いてパリッときつね色にしましょう。お弁当におすすめです！

[材料] 4人分

	鶏むね肉	320g
A	塩、ホワイトペッパー	各少々
	小麦粉	適量
	サラダ油	大さじ2
B	はちみつ	大さじ1/2
B	酒	小さじ2
B	しょうゆ	大さじ1
B	唐辛子	少々

[作り方]

1 鶏肉は観音開き（P50参照）にしてAで下味をつけ、30分ほど置きます。

2 1に小麦粉をまぶし、油で両面を焼きます。

3 肉をフライパンの隅に寄せ、余分な油をキッチンペーパーで軽く吸い取ります。

4 Bを混ぜ合わせたソースを加え、肉にからめます。

カリカリチキンの ねぎソース

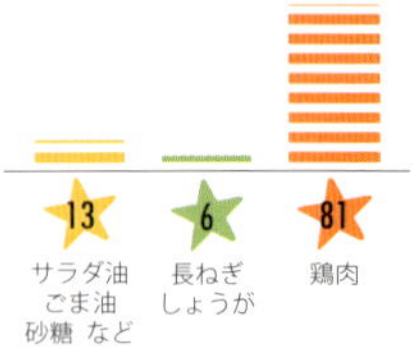

しっとり、パリパリを同時に楽しめます。鶏肉は塩味だけにし、ソースを中華風の味つけにして変化を持たせました。酢っぱいものが苦手な子もよく食べてくれるので、酢の味に慣れさせるにはいいと思います。

[材料] 4人分

	鶏もも肉	320g
	塩	少々
A	小麦粉、片栗粉	各適量
	サラダ油	適量
B	長ねぎ（小口切り）	1/4本
B	しょうが（すりおろし）	1/2かけ
B	砂糖	大さじ1
B	りんご酢	小さじ2
B	しょうゆ	大さじ1
B	ごま油	小さじ2
B	オイスターソース	小さじ2

[作り方]

1 鶏肉は観音開き（P50参照）にして塩を振り、30分ほど置きます。

2 Aを混ぜ合わせて1にまぶし、油でカリッと揚げます。

3 肉を食べやすい大きさに切って、器に盛ります。

4 Bを煮立たせ、揚げた鶏肉にかけます。

豚肉のみそカツ

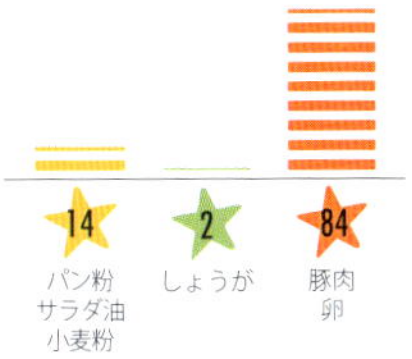

カツを出すとソースをかけすぎる子が多いので、下味だけでおいしく食べられるようにしました。「ソースは？」と聞かれたら、「そのまま食べてごらん」と言ってあげてください。下味のみそがふんわりと香ります。

［材料］4人分

豚ロース肉……………………………… 4枚

A
- しょうが（すりおろし）………… 1かけ
- 酒……………………………… 小さじ2
- みそ…………………… 大さじ1と1/2

小麦粉…………………………………… 適量

溶き卵……………………………… 2個分

パン粉…………………………………… 適量

サラダ油………………………………… 適量

［作り方］

1 豚肉は、火の通りを良くするためにたたいておきます。

2 Aを混ぜ合わせて豚肉に下味をつけ、30分ほど置きます。

3 小麦粉、卵、パン粉の順に衣をつけ、油で揚げます。

大根と豚肉のこっくり煮

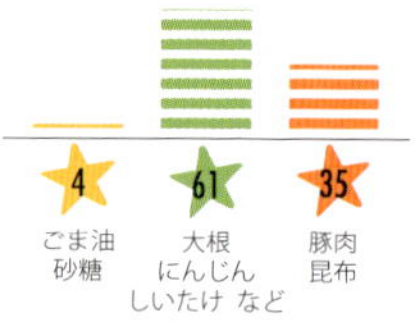

体を温める根菜を食べさせたいと思っても、大根の煮物はなぜか不人気……。甘みとコクを出す豚肉と一緒に煮込んでみたら好評でした。豚肉のうまみが野菜にしみ込んで、とてもいい味です。

［材料］4 人分

	豚もも肉（角切り）	120g
	塩	少々
	水	適量
	にんじん（乱切り）	1/4 本
	大根（乱切り）	1/3 本
	干ししいたけ	2 枚
	だし昆布（2cm 幅）	8cm
	ごま油	大さじ 1
	しょうが（せん切り）	1 かけ
A	本みりん	小さじ 1
A	砂糖	小さじ 1
A	酒	小さじ 2
A	しょうゆ	大さじ 1
	豚がらスープのもと	小さじ 1/2

［作り方］

1 豚肉は塩を振り、15 分ほど置いてひたひたの分量の水で煮ます。途中であくを取り、軟らかくなるまで煮ます。

2 にんじんと大根はさっとゆでます。しいたけは水に戻して乱切り、だし昆布は水に戻して角切りにします。

3 ごま油でしょうがを炒め、にんじん、大根、しいたけ、昆布を加えて炒めたあと、A で調味します。

4 1 の肉を煮汁ごと 3 に入れ、しいたけと昆布の戻し汁を加えてひたひた程度の量にします。豚がらスープのもとを加えて煮含めます。

ハンバーグごまみそソース

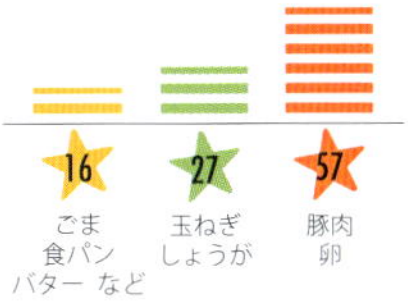

初めて食べた子は、バターの香りのする繊細な味に驚きます。真っ黒ソースのショッキングな見た目とは大違い。給食の試食会で出すと「ごまみそソースだけでもごはんが食べられそう！」という親子が多いです。

［材料］4 人分

	バター	小さじ 1
	食パン	1 枚
A	豚ひき肉	240g
	玉ねぎ（みじん切り）	1/2 個
	しょうが（すりおろし）	1 かけ
	溶き卵	1/2 個分
	酒	小さじ 1
	しょうゆ	小さじ 1
	ブラックペッパー	少々
	サラダ油	適量
B	黒すりごま	大さじ 2
	砂糖	大さじ 1 と 1/3
	酒	小さじ 2
	米酢	小さじ 1
	しょうゆ	小さじ 1
	みそ	小さじ 2
	水	適量

［作り方］

1 バターを溶かします。食パンは耳を取り除き、細かくほぐします。

2 1 と A の材料を合わせて粘りが出るまで練り混ぜ、小判型にまとめます。

3 フライパンに油を引き、2の両面を焼きます。焼き上がったら器に盛ります。

4 ハンバーグを取り出したフライパンに B の材料と水を加えて煮立たせ、ハンバーグにかけます。

魚料理

家でお子さんに魚を食べさせていますか？
魚のたんぱく質は消化吸収が良く、
血管を掃除したり、歯や骨を丈夫にしたりといいことずくめ。
もっと魚を好きになってもらうには
何ができるだろうといつも考えています。
仲良くなった漁師さんから
「港に来てくれれば新鮮な魚を安く出すよ」と声をかけてもらい、
朝早くにトラックで買いに行ったこともあります。
捕れたての魚のおいしさを、子どもたちもわかったようです。

最近では、調理の便利さから
骨付きよりも切り身のほうが家庭で好まれる傾向にあります。
「骨があると食べにくい」という子もいます。
でも、私はあえて遠慮せず、骨付き魚も給食で出しています。
骨や皮を除くなんて考えたこともありません。
あるのが当たり前なんですから。
魚がどんな形で、どの部分がおいしいとわかるほうが、
育ち盛りの子どもたちには大事だと思うんです。

★ ★ ★

十美さんの三つ星ノート⑤

【魚料理】

●きちんと下処理をすれば、雑味がなくなります。

下処理でぬめりやうろこ、内臓を取り除くと、魚臭さや雑味がなくなり、味の仕上がりが良くなります。

●下味をつけるだけで、魚がおいしくなります。

臭みを取り、魚のうまみを引き出すのが下味です。ひと手間かけるだけで、味の仕上がりが違います。

●調理の工夫で、焼き魚一辺倒から卒業しましょう。

焼き魚以外にいろんな調理法を試してみましょう。魚の苦手な子も、きっと気に入った味が見つかります。

●子どもに遠慮せず、骨付き魚を出しましょう。

「骨付きは嫌がるから」なんて遠慮はダメ。「魚は骨や皮があるからおいしい」と教えてください。調理によっては、骨までまるごと食べられます。

●野菜もたっぷりとって、バランスの良いひと皿にしましょう。

魚料理単品ではなく、野菜と一緒に調理するか、野菜のつけ合わせでバランス良く食べましょう。

魚料理

おいしい！の基本

下処理をする

魚を家でさばくときは、腹に切れ目を入れて内臓を取り、包丁の刃でしごくように、表面のうろことぬめりをしっかり取ります。こうすることで生臭さがなくなり、皮もおいしく食べられます。

下味をつける

調理にかかる前、塩や酒などを振って味を浸透させておくと、臭みが抜け、よりおいしく仕上がります。下味をつけたあとは 30 分程度置いてください。一般的なレシピより長いですが、このほうが味がなじみます。

衣をつける

魚はもともと水分が多いので、衣をつける前に水気をしっかりふき取っておきましょう。衣をまぶし、水分が出て表面がベタつかないうちに手早く調理します。

焼　く

魚は盛りつけたときに頭が左、腹が手前にくるほうが表側。そのため、表になるほうから焼きます。切り身の場合も、盛りつけたときに表になる身のほうを先に焼きます。表はこげ目がつくくらいしっかりと、裏は仕上げに火を通すくらいの焼き加減で。

さんまのハーブ焼き

さんまは塩焼きや唐揚げにすることが多いので、ハーブを使って変化をつけてみました。子どもたちに魚を好きになってほしいんです。苦手な魚でも、味を変えると喜んで食べてくれることがあります。

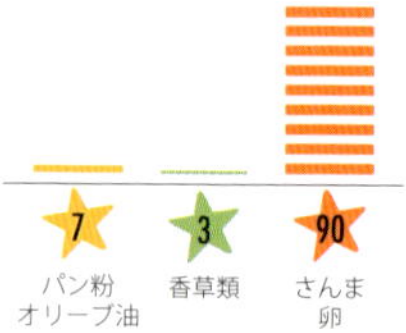

［材料］4人分

さんま……………………………… 2尾
塩、ホワイトペッパー ……………… 各適量
溶き卵………………………………… 1個分
A ローズマリー（ドライ）…………… 適量
A バジル（ドライ）…………………… 適量
A パセリ（ドライ）…………………… 適量
A パン粉………………………………… 適量
オリーブ油…………………………… 適量

［作り方］

1 さんまはうろこと内臓、ひれを取り除き、半分の筒切りにします。塩とホワイトペッパーを多めに振っておきます。

2 1に卵をつけ、Aを混ぜ合わせて全体にまぶします。

3 フライパンに油を引き、さんまの両面を焼きます。

さばのケチャップソース

「さばが苦手」という子もいるので、しょうがじょうゆで下味をつけて臭みを取りました。野菜たっぷりのケチャップソースをかけたら食べ残しが少なく、「これはイケる！」。

[材料] 4人分

	さば切り身	4切れ
A	しょうが（すりおろし）	1/2かけ
A	酒	小さじ1
A	しょうゆ	小さじ2
	サラダ油	適量
B	玉ねぎ（薄切り）	1/2個
B	にんじん（細切り）	1/4本
B	セロリ（小口切り）	1/3本
B	しょうが（すりおろし）	1/2かけ
B	砂糖	大さじ1
B	ケチャップ	大さじ3
B	しょうゆ	大さじ2
B	塩	少々
	長ねぎ（小口切り）	1/2本
C	片栗粉	大さじ1
C	水	カップ1

[作り方]

1 Aの材料でさばに下味をつけ、30分ほど置きます。

2 フライパンに油を引き、1の両面を焼きます。

3 鍋にBを煮立たせ、Cの水溶き片栗粉でとろみをつけたあとに長ねぎを加え、焼き上がったさばにかけます。

かれいのごまこしょう揚げ

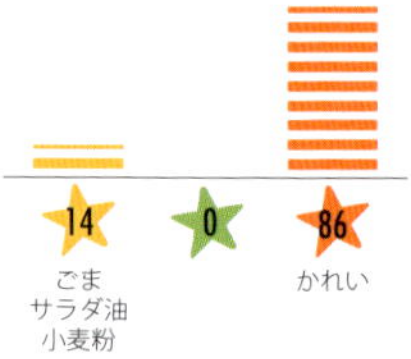

魚は皮がおいしいのに、食べ慣れていない子は残しがち。「だったら皮をおいしくしよう」とごまの衣をまぶして揚げたら好評！　背骨以外はまるごと食べられます。衣はゆるいとつきにくいので、かために作りましょう。

[材料] 4人分

かれい(スナガレイ、マガレイなど小さめのもの)…… 4尾

塩、ブラックペッパー………………… 各適量

A
- 小麦粉………………………… 30g
- 黒いりごま…………………… 大さじ1
- 白いりごま…………………… 大さじ1
- 塩……………………………… 少々
- 水……………………………… 50cc

サラダ油……………………………… 適量

[作り方]

1 かれいは、うろことぬめりを取り、頭・内臓・ひれをすべて取り除いて、キッチンペーパーで水気をふき取ります。

2 1に塩、ブラックペッパーを振ります。

3 Aを混ぜ合わせて衣を作ります。

4 かれいの両面に衣をまぶし、175℃の油で揚げます。

鮭の洋風西京焼き

鮭のホイル焼きは、中を開ける楽しみがあって子どもたちに人気。マヨネーズで味に変化をつけました。これ以外にも、野菜たっぷりにしたり、チーズやきのこをのせたりして、どんどんアレンジできますよ。

［材料］4 人分

鮭切り身……………………………… 4 切れ
塩、酒 ……………………………… 各少々
A
- 白いりごま…………………… 小さじ 1
- パセリ(みじん切り)……………… 少々
- 本みりん……………………… 小さじ 1
- 砂糖…………………………… 小さじ 1
- みそ……………………… 大さじ 1 と 1/2
- マヨネーズ…………… 大さじ 1 と 1/2

バター………………………………… 適量

［作り方］

1 鮭に塩、酒を振り、30 分ほど置きます。

2 A の材料を混ぜておきます。

3 アルミホイルの内側にバターを塗り、鮭の上に A をのせてふんわりと包みます。

4 フライパンに 3 を並べてふたをし、中火で約 15 分蒸し焼きにします。

たらのわかめ蒸し

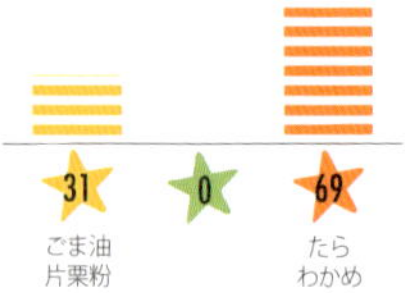

焼く、揚げるだけじゃなく、たまに蒸し魚もいいですね。中華だれは風味が良く、たらのほっくりとした食感とよく合います。酢が苦手な子も、こうして隠し味に使うと気にせず食べてくれます。

［材料］4人分

	たら切り身	4切れ
A	塩	少々
A	ホワイトペッパー	少々
A	酒	少々
	乾燥わかめ	4g
B	混合厚削り節	4g
B	水	240cc
C	本みりん	小さじ2
C	りんご酢	大さじ1と1/3
C	しょうゆ	大さじ1
C	ごま油	小さじ1
D	片栗粉	大さじ3
D	水	適量
	片栗粉、塩	各少々

［作り方］

1 たらにAを振っておきます。わかめは水で戻します。

2 Bの材料で作っただし汁とCを合わせ、煮立たせます。Dの水溶き片栗粉でとろみをつけます。

3 たらに片栗粉と塩をまぶし、蒸し碗に入れます。上にわかめをのせ、2のたれをかけて10～15分蒸します。

ほっけのもみじ焼き

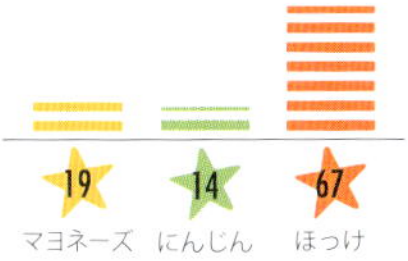

にんじんが苦手、魚が苦手。なのに、こうして一緒にすると食べてくれるから不思議です。おろしたにんじんは甘みがあって色もきれい。にんじんマヨソースは、たらや鮭など味のあっさりした白身魚に合います。

[材料] 4人分

ほっけ切り身……………………………… 4切れ

A
- 塩……………………………………… 少々
- ホワイトペッパー…………………… 少々
- 白ワイン……………………………… 少々

にんじん(すりおろし)……………… 1/2本

マヨネーズ……………………………… 80g

[作り方]

1 ほっけにAを振ります。

2 にんじんとマヨネーズを混ぜ合わせます。

3 ほっけに2をのせ、260℃のオーブンで12分程度焼きます。

野菜料理

お子さんは野菜をよく食べますか？
ふだんの給食では、「野菜が苦手」という声をよく聞きます。
でも、そうした子たちでさえ
収穫体験で採れたてのものを味わうと、もりもりとよく食べます。

土作りにまじめに取り組む生産者の野菜は、
何もつけないほうがいいと思うほど感動的な味がします。
北海道には熱心な生産者がたくさんいて
おいしい野菜に恵まれているというのに、
「うちの子はもともと野菜嫌いなんです」という声を聞くと
とても寂しい気持ちになります。
いまは嫌いでも、おいしさを伝える工夫をしなきゃ。
同じ野菜でもいろんな食べ方があることを経験させなきゃ。

野菜はいつ食べても同じ味ではありません。
旬のおいしさがあり、季節を待つ楽しみがあることを
子どもたちに感じてほしいのです。
置戸町の給食では、トマトやきゅうりなどの夏野菜は夏のみ、
とうきびやかぼちゃは地元産のみなど、食材を限定して使っています。
野菜はカルシウムやビタミンの宝庫。
体の調子を整えてくれる野菜を、どんどん食べてほしいと思います。

★ ★ ★

十美さんの三つ星ノート⑥

【野菜料理】

● **季節の野菜を積極的に使いましょう。**

年中手に入る野菜でも、旬の時期がいちばんおいしく食べられます。夏野菜、冬野菜などを意識して季節感を出しましょう。

● **でき上がりをイメージして、切り方を工夫しましょう。**

切り方によって、野菜の味は大きく変わります。見た目、食べやすさなどを考えた切り方の工夫を。

● **食感を生かす火の通し方を研究しましょう。**

加熱時間わずか数十秒の違いでも、食感に差が出ます。強火でさっと、弱火でじっくりなど、味の違いを楽しんでみましょう。

● **同じ野菜でも、調理法によって違うおいしさが楽しめます。**

「野菜炒めは苦手だけど、揚げたら好き！」という子もいます。調理法の工夫は、料理の幅を広げてくれます。

● **新しい組み合わせと味付けで、変化をつけましょう。**

和風野菜を洋風の味付けで、根菜料理に肉をプラスして……など、組み合わせ次第でメニューに変化が生まれます。

野菜料理

おいしい！の基本

野菜は切り方によって、火の通り具合や食感がずいぶん変わってきます。
代表的な切り方を頭に入れて、料理に合わせて使いましょう。

せん切り

短時間で加熱するときや和えものなどに向いています。胃腸が弱っているときは、繊維に逆らって切ると軟らかくなります。

細切り

炒めものなど、せん切りよりもやや食感を残したいときに向いています。

拍子《ひょうし》木《ぎ》切り

細切りよりもしっかりした食感が残る切り方。繊維に沿って切ると歯ごたえが立ちます。細め、太めは、調理のしかたに応じて調節しましょう。

乱切り

手前に回しながら斜めに切ります。味が染みやすく、煮ものなどに向いています。

短冊切り

根菜類によく使い、食べやすさと食感を両立したいときに向いています。

角切り（さいの目切り）

さいころ状にする切り方。他の食材と大きさをそろえると、食感の違いを楽しめます。

小口切り

きゅうりや長ねぎなどに使います。厚さによって食感が大きく変わります。

みじん切り

練り込んだり、薬味に使ったりなど、風味を生かしたいときに便利です。

くし型切り

玉ねぎやトマトなどに使います。まず縦半分に切り、中心に向かって切ります。

さつまいものサラダ

はちみつとクリームチーズを使ったデザート風のサラダ。さつまいものほんのりとした甘みが引き立って、子どもたちもたくさんおかわりしてくれます。ホームパーティーのメニューとしても活用できます。

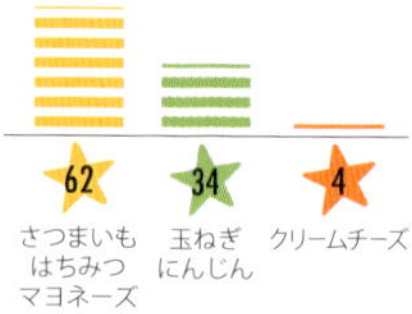

［材料］4 人分

さつまいも（1cm角切り）………… 中1/2本
クリームチーズ………………………… 20g
マヨネーズ……………………………… 80g
玉ねぎ（薄切り）……………………… 1/2個
にんじん（細切り） ………………… 1/4本
A ［はちみつ…………………… 大さじ 1/2
　 ［粒マスタード……………… 小さじ 1/2
塩………………………………………… 少々

［作り方］

1 さつまいもを 15 分ほど蒸します。熱いうちにクリームチーズと半量のマヨネーズを混ぜ、冷まします。

2 玉ねぎとにんじんをゆでて冷まし、軽くしぼって水気を切ります。

3 1と2に残りのマヨネーズとAを加えて和えます。最後に塩で味を調えます。

水菜とれんこんときんぴらのサラダ

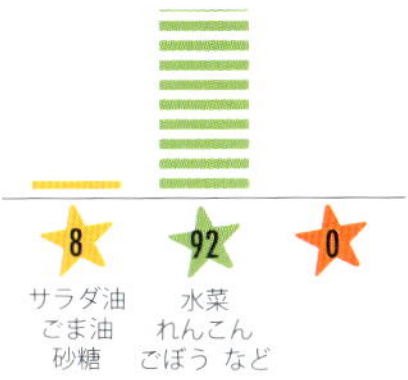

きんぴらのおいしさを知ってほしくて「サラダにしたら面白いかも」と思いつきました。ゆでる、揚げる、炒めるなど食感の違う野菜をひと皿で味わえます。れんこんは170℃の油できつね色に揚げましょう。

[材料] 4人分

	水菜	1把
	れんこん(薄切り)	60g
	揚げ油	適量
	ごま油	大さじ1強
	にんにく(薄切り)	1かけ
A	ごぼう(ささがき)	1本
A	にんじん(細切り)	1/4本
B	酒	大さじ1と2/3
B	本みりん	小さじ2
B	砂糖	大さじ1と2/3
B	しょうゆ	大さじ1
B	米酢	大さじ1
	一味唐辛子	少々

[作り方]

1 水菜はさっとゆでてから水に入れて冷まし、水切りして2cm幅に切ります。れんこんは素揚げします。

2 ごま油とにんにくを入れて火にかけ、Aを炒めます。Bを順に入れて調味し、水菜とれんこんを加えて混ぜます。

3 仕上げに唐辛子で味を調えます。

ささみときゅうりの甘酢和え

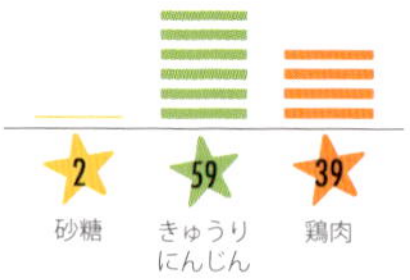

疲れをいやしてくれる、さっぱりとした夏向けのヘルシーメニューです。酢の物に慣れていない子にもおいしく食べてもらおうと、鶏ささみを加えました。ささみは筋を取り除くと食感が良くなります。

［材料］4 人分

鶏ささみ		80g
塩、酒		少々
きゅうり		1 本
にんじん（せん切り）		1/4 本
A	砂糖	小さじ 1
	米酢	大さじ 1 強
	しょうゆ	小さじ 2
塩		少々

［作り方］

1 ささみは食感を良くするために筋・膜を取り除きます。一口大に切り、塩と酒を振って 30 分ほど置き、10～15 分蒸してから冷まします。

2 きゅうりはさっと熱湯にくぐらせ、水で冷ましてから小口切りにします。

3 にんじんはさっとゆでて冷まします。

4 1～3 を A で和え、塩で味を調えます。

シャキシャキいもの梅サラダ

「じゃがいものサラダ＝マヨネーズ和え」ばかりじゃつまらないですよね。このサラダは食感が新鮮で、梅ドレッシングが後を引きます。給食で出したら、先生たちが「ビールに合いそうだね！」ですって。

[材料] 4人分

梅干し……………………………………… 2個
じゃがいも（細切り）…………… 1と1/2個
いんげん（斜め切り）…………………… 120g
A
- 砂糖…………………………… 小さじ2
- りんご酢……………………… 小さじ2
- しょうゆ……………………… 小さじ1

[作り方]

1 梅干しは種を取り除き、果肉を細かく刻みます。
2 じゃがいもといんげんは数十秒ゆでて水気を切り、冷まします。
3 1とAを混ぜ合わせ、2に和えます。

※好みでかつお節を入れてもおいしい！

キャベツ豆腐バーグ

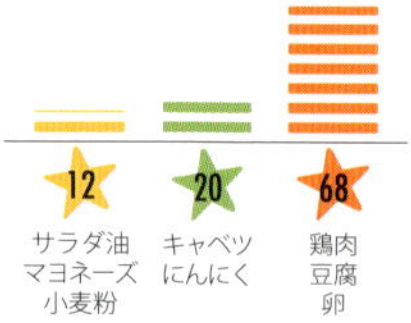

キャベツをたくさん食べてほしくて、子どもの好きなハンバーグに入れてヘルシーなお好み焼き風に仕上げました。キャベツ、豆腐、肉それぞれの味がわかり、喜んで食べてくれます。

［材料］4 人分

A	キャベツ	1/4 個
	もめん豆腐	160g
	鶏ひき肉	160g
	にんにく（すりおろし）	1 かけ
	小麦粉	大さじ 3
	溶き卵	1/2 個分
	塩、ホワイトペッパー	各少々
	サラダ油	適量
B	ケチャップ	大さじ 2
	しょうゆ	小さじ 2
	マヨネーズ	大さじ 3

［作り方］

1 キャベツはさっとゆでて粗みじん切りにします。豆腐は水気を切り、細かくほぐします。

2 A の材料をよく練り混ぜ、小判型にまとめます。

3 フライパンに油を引き、両面を焼きます。

4 B のソースを混ぜ、焼き上がったハンバーグにかけます。

ズッキーニのくずひきしょうが風味

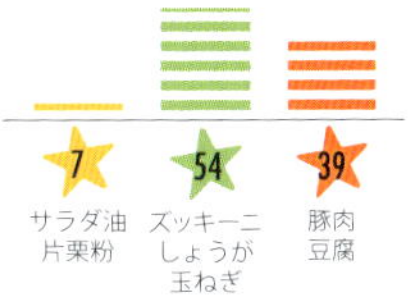

夏野菜のズッキーニは炒め物にすることが多いので、和風味のスープにしてみました。具だくさんのとろみスープは体を温め、夏バテ防止に役立ちます。しょうがの風味が食欲をそそりますよ。

[材料] 4人分

	ズッキーニ	1本
	サラダ油	適量
	豚もも肉(薄切り)	60g
	しょうが(せん切り)	1かけ
	玉ねぎ(薄切り)	1/3個
	もめん豆腐(1.5cm角切り)	120g
	だし汁	600cc
A	酒	小さじ2
A	本みりん	小さじ1
A	しょうゆ	大さじ1と1/3
A	塩	小さじ1
	片栗粉	大さじ2

[作り方]

1 ズッキーニは縦半分にして1cm幅に切ります。

2 油で豚肉、しょうが、玉ねぎを炒め、ズッキーニと豆腐を加えてだし汁で煮ます。

3 Aで調味し、水溶き片栗粉でとろみをつけ、煮立たせます。

揚げかぼちゃの甘辛だれ

昔と違っていまの子どもたちは、かぼちゃの煮物が苦手みたい。揚げかぼちゃにすると外はサクサク、中はほっこりとして甘みがあります。味のはっきりしたおかずなので、ごはんがすすみますよ！

［材料］4 人分

	豚もも肉	120g
	酒、しょうゆ	各少々
	いんげん	60g
	かぼちゃ（短冊切り）	160g
	サラダ油	適量
A	砂糖	大さじ 1 と 1/3
A	酒	小さじ 1
A	しょうゆ	小さじ 2
A	オイスターソース	小さじ 2

［作り方］

1 豚肉は 2cm 幅に切り、酒、しょうゆを振っておきます。いんげんは 2cm 幅に切ります。

2 かぼちゃといんげんを素揚げします。

3 油で豚肉を炒め、A で調味し、2 を加えて混ぜます。

ふき佃煮

ふきの佃煮は、ひと口食べると季節の香りが広がります。置戸町の給食では、地元産のふきを保存食として年中使っています。佃煮のほか、炒め物やみそ汁の具などにも活用できますよ。

［材料］4 人分

	ふき水煮	120g
	しめじ	1 袋
	だし昆布（2cm 幅）	15cm
	水	200cc
A	本みりん	小さじ 1
	砂糖	大さじ 1
	しょうゆ	大さじ 2

［作り方］

1 ふき水煮は、雑味を取るため軽く下ゆでし、2cm 幅に切ります。しめじは石づきを取って 1 本ずつに分けます。

2 昆布を分量の水で戻し、細切りにします。戻し汁は取っておきます。

3 1、2 を昆布の戻し汁で煮ます。途中であくを取り除きます。

4 材料が軟らかくなったら A で調味し、汁がなくなるまで煮含めます。

じゃがいものみそバター煮

じゃがいもをいろんな味で楽しんでもらおうと、ちょっと変わった洋風肉じゃがのイメージで作りました。給食では地元産を使っていて、「今日は○○さんちのじゃがいもだよ」と言うと、はりきって食べてくれます。

[材料] 4人分

	にんにく(すりおろし)	1かけ
	しょうが(すりおろし)	1かけ
	豚ひき肉	60g
	バター	小さじ1
	じゃがいも(乱切り)	2個
A	豚がらスープのもと	小さじ1/2
A	水	カップ1
B	酒	小さじ1
B	本みりん	小さじ1
B	しょうゆ	小さじ1
B	みそ	大さじ1
C	粒コーン	60g
C	黒すりごま	小さじ1

[作り方]

1 にんにく、しょうが、豚肉をバターで炒めます。

2 肉に火が通ったらじゃがいもを加え、Aの豚がらスープで煮ます。

3 材料が軟らかくなったらBを混ぜ合わせて加え、汁気がやや残る程度に煮含めます。

4 Cを入れて全体になじませます。

ヤーコンとにんじんのかき揚げ

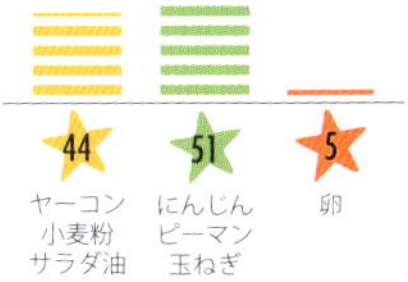

地元産のヤーコンは旬の10～12月に出します。食感を生かそうと思い、ヤーコンとにんじんを太めに切ってかき揚げにしたら、それぞれの甘みが引き立って美味！　塩で食べるのがおすすめです。

［材料］4人分

ヤーコン		1/2本
酢、水		各適量
にんじん		1/2本
ピーマン		1個
玉ねぎ		1/2個
A	小麦粉	適量
	卵	1/2個
	塩	少々
	水	適量
サラダ油		適量

［作り方］

1 ヤーコンは皮をむき、薄めの酢水に浸してあく抜きをします。

2 ヤーコンとにんじんは太めの拍子木切り、ピーマンは種を取り除いて細切り、玉ねぎは薄切りにします。

3 Aで衣を作り、2の野菜を入れてさっくりと混ぜ合わせ、180℃の油で揚げます。

苦手な野菜も、ちょっとした調理の工夫で食べやすくなります。
給食で人気のメニューを集めてみました。

ピーマン
攻略

ピーマンのそぼろスパゲティー

ピーマンの苦みを嫌う子が多いので、甘みが出るよう小さく切り、カラフルにしたら大成功！ しょうゆ味とともよく合い、ピーマン嫌いの子も残さず食べてくれます。ピーマンは種つきのまま切ると味がまろやかになります。

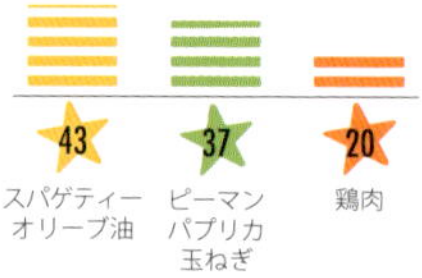

[材料] 4 人分

ピーマン	1/2 個
赤パプリカ	1/4 個
黄パプリカ	1/4 個
玉ねぎ	3/4 個
スパゲティー	320g
オリーブ油	大さじ 1 と 1/2
鶏ひき肉	120g
スパゲティーゆで汁	180cc
A しょうゆ	大さじ1 と 1/3
A 塩、ブラックペッパー	各少々

[作り方]

1 ピーマン、パプリカ、玉ねぎは粗みじん切りにします。

2 スパゲティーは、ソースのでき上がり時間に合わせて、かためにゆでます。

3 オリーブ油で鶏肉を炒め、玉ねぎ、ピーマン、パプリカを順に加えます。

4 スパゲティーのゆで汁を 3 に加えます。A で調味し、スパゲティーを入れて混ぜます。

三色野菜の洋風きんぴら

家庭で食べる機会が昔より少なくなったせいか、きんぴらがちょっと苦手な子どもたち……。食べ慣れてほしいと、変化のある味つけにしてみました。ケチャップとソースは、子どもの苦手克服には効き目があります。

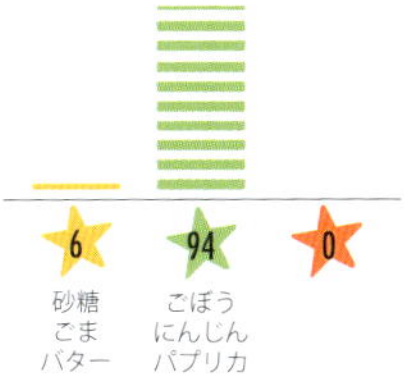

［材料］4人分

ごぼう（拍子木切り）		2本
にんじん（細切り）		1/2本
バター		小さじ1
水		適量
A	砂糖	大さじ1と1/3
	ケチャップ	60g
	ウスターソース	20g
黄パプリカ（細切り）		40g
白すりごま		小さじ1
塩、ブラックペッパー		各少々

［作り方］

1 ごぼう、にんじんをバターで炒め、ひたひたより少なめの水を入れて好みのかたさになるまで煮ます。

2 Aで調味し、パプリカ、白ごまを加えます。塩、ブラックペッパーで味を調えます。

にんじん
攻略

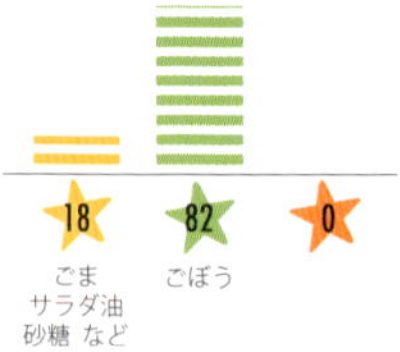

揚げごぼうのごま和え

ごぼうが主役のメニューって少ないですよね。これは大好評！　ごぼうを大きめに切って揚げると、甘くておいしいんです。甘辛だれがごぼうの香ばしさと相性ぴったりで、クセになる味です。

［材料］4 人分

	ごぼう	2 本
	片栗粉	適量
	サラダ油	適量
A	本みりん	小さじ 2
A	砂糖	小さじ 2
A	しょうゆ	大さじ 1 と 1/2
A	白いりごま	小さじ 2
A	白すりごま	小さじ 2

［作り方］

1 ごぼうは皮をむき、5mm 幅の斜め切りにします。

2 1 に片栗粉をまぶして揚げます。

3 鍋に A を煮立たせ、揚げたごぼうをからめます。

ごぼう
攻略

なす・しいたけ攻略

なすとしいたけのひき肉炒め

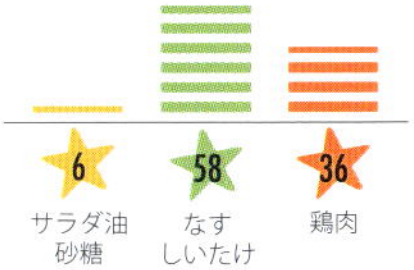

なすは食感が、しいたけは食感と匂いが苦手だという子がいます。でも、細かくして肉と一緒に炒めると、案外食べやすくなります。肉のうまみが野菜に移り、中華味ともよく合います。ごはんがすすみそう！

［材料］４人分

なす……………………………… 中２本
生しいたけ……………………… ２枚
サラダ油………………………… 適量
鶏ひき肉………………………… 100g

A
- 酒…………………………… 小さじ１
- 本みりん…………………… 小さじ１
- 砂糖………………………… 小さじ１
- しょうゆ…………………… 小さじ１
- みそ………………………… 大さじ１

［作り方］

1 なすとしいたけは1cmの角切りにします。

2 サラダ油で鶏肉を炒め、1を加えます。

3 Aで調味し、よく炒めます。

みそ汁・スープ

子どもも大人も、脳の働きを活発にするには
朝食でみそ汁を飲む習慣をつけるといいそうです。
私も、朝はごはんとみそ汁がないと元気が出ません。
朝は一日の大事な始まりですから、
「いってらっしゃい」の気持ちをこめて、みそ汁を作りましょう。
置戸町の給食では、4種の天然だしを使ったみそ汁が定番です。
しっかりだしを取ると具材の味がよくわかり、薄味でおいしくいただけます。

給食で天然だしのみそ汁を出し始めたころ、
最初は煮干しだけ、次は煮干しと削り節の合わせだしなど
いろいろ工夫しましたが、子どもたちはあまり飲んでくれませんでした。
なぜだろうと思って聞いてみたら、意外な理由。
家でみそ汁をあまり飲まないか、
だしの素をたっぷり入れたみそ汁を飲んでいることがわかりました。
「慣れさせるしかない」と思い、こりずに出し続けているうちに
子どもたちの舌が少しずつ変わっていきました。
いまでは、みそ汁は汁ものメニューでいちばん人気があります。

みそを使わないスープも、同じようにだしが大事です。
材料によってうまみや香り、味が違うことを覚えてくれるようになりました。
うまみは、単調な味とは違って奥行きがあります。
うまみを感じる味覚は、日本人特有の感性らしいですよ。

★ ★ ★

十美さんの三つ星ノート⑦

【みそ汁・スープ】

● 季節の野菜を積極的に使いましょう。

汁ものは、旬の野菜をたっぷり取ることができます。組み合わせ次第でいくつもの楽しみ方ができます。

● みそ汁はだし、スープはうまみ食材が決め手です。

天然素材のだしで作ったみそ汁は味が違います。スープはうまみを出す肉・魚を使ってだし代わりに。

● 主役になる具材を決め、印象的な一品に仕上げましょう。

主役の具材の生かし方を工夫しましょう。なめらか、ほっこり、ふわふわなど、食感の違いが楽しめます。

● 具材や調味料の工夫で、香りを楽しみましょう。

ひと口すすったときの香りもおいしさのポイント。香りの良い具材や調味料を取り入れましょう。

● 和の食材を洋風、中華風にも変身させましょう。

既成のイメージにとらわれず、いつもと味付けを変えて洋風や中華風にも挑戦してみましょう。

みそ汁

おいしい！ の基本

天然素材から取った本物のだしを使うと、みそ汁の風味がひときわ良く、具材の味を引き立ててくれます。置戸町の給食では、４種だし（かつお、あじ、いりこ、しいたけ）でみそ汁を作っています。

かつおだし

給食で使うかつおだしには厚削りを使っています。じっくり風味を引き出す分、花かつおより奥行きのある味に仕上がります。

煮干しだし

煮干しは、いりことあじの２種類を使っています。煮干しだしは、えぐみを出さないために頭と腹を取って使いましょう。

合わせだし

複数のだしを使うときは、別々にだしを取ってあとで合わせるか、同じ鍋で水に浸けてから煮出します。

だしの取り方

ここでは、厚削りでだしの取り方を説明します。
煮干しだしも手順は同じです。

① 鍋に水と厚削りを入れて30分ほど置きます（水600gに厚削り10gを目安に）。そのまま火にかけて沸騰したら、中火で30分くらい煮出します。

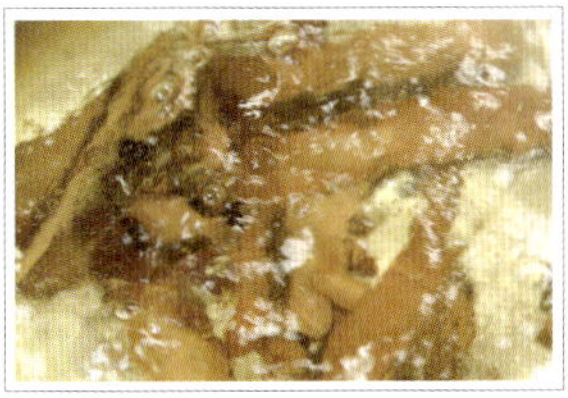

② 火を止めて10分ほど置き、厚削りが底に沈むのを待ちます。

③ 厚削りを取り出します。

だし汁は一度に2リットルくらい作って容器に入れ、冷蔵庫で保存すれば1週間くらい持ちます。

ふのりのみそ汁

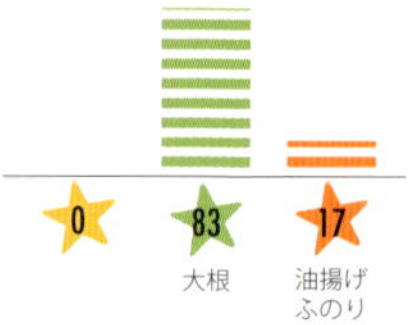

みそ汁は、だしをしっかり取ると具材の味が引き立っておいしくいただけます。薬味だけでもおいしいくらい。具材は何でもいいので、みそ汁を毎日味わってほしいと思います。

［材料］4 人分

A［ 煮干し（いりこ・あじ）だし汁 …… 300cc
　 厚削りだし汁…………………… 300cc

ふのり………………………………… 適量
油揚げ（細切り）……………………… 1 枚
大根（細切り）……………………… 1/4 本
粉末しいたけ（P113 参照、なくても可）
…………………………………… 小さじ 1
みそ………………………… 大さじ 3 と 1/3

［作り方］

1 Aのだし汁を合わせておきます。
2 ふのりは軽く洗ってざるにあげます。油揚げは湯にくぐらせて油抜きします。
3 1 のだし汁で大根を煮ます。火が通ったら油揚げとふのりを入れ、粉末しいたけとみそで調味します。

ごま風味豚汁

具だくさんで栄養満点の豚汁は子どもたちに人気。アレンジ編としてごまをたっぷり使った豚汁にしたら、たくさん食べてくれました。あくをしっかり取ると、雑味のないきれいな味に仕上がります。

40
ごま
じゃがいも
こんにゃく など

23
長ねぎ
大根
しょうが

37
豚肉
豆腐

［材料］4人分

つきこんにゃく	120g
もめん豆腐（角切り）	120g
豚バラ肉	120g
サラダ油	適量
じゃがいも（角切り）	1と1/2個
大根（短冊切り）	1/4本
厚削りだし汁	600cc
酒	小さじ2
しょうが（すりおろし）	1かけ
みそ	大さじ3と1/3
黒いりごま	小さじ1
白すりごま	小さじ1/2
長ねぎ（斜め切り）	1/3本

［作り方］

1 こんにゃくは湯通しして臭みを抜き、豆腐は水気を切っておきます。

2 豚肉を2cm幅に切り、油で炒めます。

3 2にこんにゃく、じゃがいも、大根を順に加えて炒め、だし汁と酒を入れて煮ます。途中であくを取り除きます。

4 豆腐としょうがを入れ、みそで調味します。

5 ごまと長ねぎを入れ、ひと煮立ちさせます。

鶏ごぼう汁

香り豊かで野菜たっぷりのメニューです。豚汁にヒントを得て「鶏汁もいいかも」と作ってみました。鶏肉とごぼうは相性ぴったりで、スープをおいしくします。食感が残るよう、具材を煮すぎないことがポイントです。

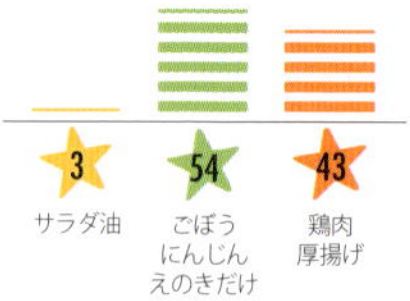

[材料] 4人分

	鶏むね肉（薄切り）	100g
	サラダ油	適量
	ごぼう（ささがき）	3/4本
	にんじん（細切り）	1/3本
A	厚削りだし汁	320cc
A	昆布だし汁	320cc
A	鶏がらスープのもと	小さじ1/2
	厚揚げ（短冊切り）	60g
	えのきだけ	1/2束
	みそ	大さじ3

[作り方]

1 鶏肉を油で炒め、ごぼう、にんじんを加えて炒めます。

2 火が通ったら、Aの合わせだし汁を入れて煮ます。途中であくを取り除きます。

3 油抜きをした厚揚げ、石づきを取ったえのきだけを2に加え、みそで調味します。

さつまいもだんご汁

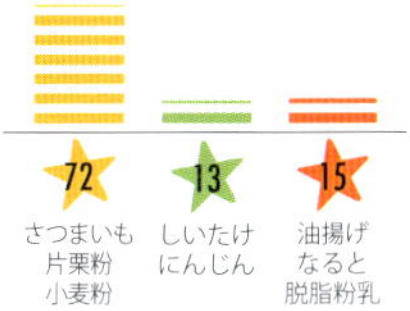

いもだんごといえばじゃがいもが一般的ですが、さつまいもで作ってみました。さつまいもに脱脂粉乳を加えることで上品な甘みが出ます。昔懐かしい味だけど、どこか新鮮なイメージですよ！

[材料] 4人分

	油揚げ（細切り）	1枚
	干ししいたけ（細切り）	1枚
A	さつまいも	1/2本
A	片栗粉	大さじ2と2/3
A	塩	少々
A	脱脂粉乳	小さじ3
A	小麦粉	小さじ2
	湯	適量
B	厚削りだし汁	カップ3
B	豚がらスープのもと	小さじ1/2
	にんじん（細切り）	1/4本
	なると（小口切り）	1/5本
	みそ	大さじ3

[作り方]

1 油揚げは湯にくぐらせて油抜きし、しいたけはひたひたの水で戻します。しいたけの戻し汁は取っておきます。

2 Aの材料でだんごを作ります。さつまいもはゆでてつぶし、残りの材料を入れてよく練り混ぜます。

3 2を一口大に丸め、熱湯でゆでます。

4 Bの合わせだし汁にしいたけの戻し汁を加え、にんじん、油揚げ、なると、しいたけを入れて煮ます。

5 3のだんごを加え、みそで調味します。

キャロットポタージュ

これだけ大量に使っているのに、にんじん臭さを感じさせないスープ。にんじんと玉ねぎの甘みが乳製品とよく合います。ポタージュスープは他のいろんな野菜で応用できますよ。

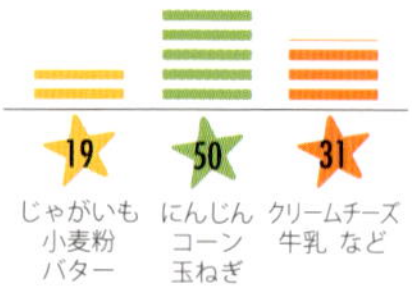

[材料] 4人分

玉ねぎ(薄切り)…………………………1/2個
バター………………………………小さじ2
コンソメ…………………………………少々
にんじん(薄切り)………………1と1/2本
じゃがいも(薄切り)……………1と1/2個
水………………………………………適量

A
- 脱脂粉乳……………… 大さじ1と1/4
- 小麦粉………………………… 大さじ3
- 牛乳…………………………… カップ1
- 水……………………… 大さじ1と1/3

B
- クリームコーン…………………… 60g
- クリームチーズ…………………… 20g

塩、ホワイトペッパー ……………… 各少々

[作り方]

1 玉ねぎをバターでよく炒め、コンソメを振って調味します。にんじん、じゃがいもを加えてさらに炒め、ひたひたの水を加えて煮ます。

2 材料が軟らかくなったら、1を汁ごとミキサーにかけます。

3 2にAの材料を加え、ミキサーにかけます。

4 3を鍋に移し、粉っぽさがなくなるまで、へらでよく混ぜながら煮ます。

5 Bを入れ、塩とホワイトペッパーで調味します。

かぶのスープ

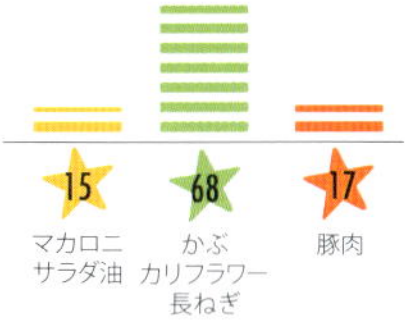

かぶは食卓に上ることが少ない食材の一つ。和のイメージが一般的なので、あえて洋風にしました。大根とはまた違ったおいしさで、ほのかな甘みが伝わってきます。小腹が空いたときにもどうぞ。

[材料] 4人分

豚バラ肉	60g
カリフラワー	1/4株
マカロニ	40g
サラダ油	適量
白ワイン	少々
かぶ（乱切り）	2個
コンソメ	少々
水	600cc
長ねぎ（小口切り）	1/3本
A しょうゆ	大さじ1と1/3
A 塩	少々

[作り方]

1 豚肉は1cm幅に切り、カリフラワーは小房に分け、マカロニはかためにゆでます。

2 油で豚肉を炒め、白ワインを振ります。

3 2にカリフラワー、かぶ、コンソメを加えてさらに炒め、水を入れて煮ます。

4 マカロニと長ねぎを加え、Aで調味します。

大根と鮭のバター風味汁

27 じゃがいも バター　47 大根 パセリ　26 鮭

味のしみた根菜のおいしさが楽しめる洋風三平汁です。鮭を使った汁物というとみそ仕立てを想像しがちですが、材料を大きく切って洋風スープにしたら、子どもたちもよく食べてくれました。

［材料］4 人分

鮭切り身………………………………… 1 切れ
塩、酒 ………………………………… 各少々
大根（乱切り）………………………… 1/4 本
バター……………………………… 小さじ 2
じゃがいも（乱切り）…………………… 1 個
A
- 水………………………………… 600cc
- 酒……………………………… 小さじ 2
- コンソメ………………………… 少々
- 粉末しいたけ（P113 参照、なくても可）………………………………… 少々

塩、ホワイトペッパー ……………… 各少々
パセリ（みじん切り）………………… 少々

［作り方］

1 鮭は塩と酒を振って 30 分ほど置き、グリルで焼きます。焼き上がったら、皮ごと一口大にほぐします。

2 大根はかためにゆでておきます。

3 バターでじゃがいもを炒め、A を入れて煮ます。

4 大根と鮭を入れ、塩とホワイトペッパーで調味し、パセリを加えます。

じゃがいもニョッキのスープ

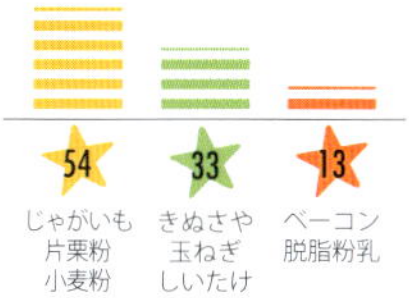

昔ながらのいもだんご汁をアレンジして、洋風のニョッキにしてみました。ふわふわした食感が美味です。ニョッキは一口大に丸め、真ん中を指できゅっとへこませるように作ります。具だくさんで満足感いっぱい！

[材料] 4人分

A	じゃがいも	3個
	片栗粉	大さじ2と1/2
	小麦粉	大さじ1と1/3
	脱脂粉乳	大さじ1
	塩	少々
	スライスベーコン	2枚
	きぬさや	20g
	玉ねぎ（薄切り）	1/2個
	生しいたけ（薄切り）	2個
B	水	600cc
	鶏がらスープのもと	小さじ1
	コンソメ	少々
	塩、ホワイトペッパー	各少々

[作り方]

1 Aの材料でニョッキを作ります。じゃがいもはゆでてつぶし、残りの材料を入れてよく練り混ぜます。

2 1を一口大に丸め、熱湯でゆでます。

3 ベーコンは1cm幅に切り、きぬさやは筋を取り除いて斜め切りにします。

4 ベーコン、玉ねぎ、しいたけを順に炒め、Bを加えて煮ます。

5 ニョッキときぬさやを入れ、塩とホワイトペッパーで調味します。

切干大根のスープ

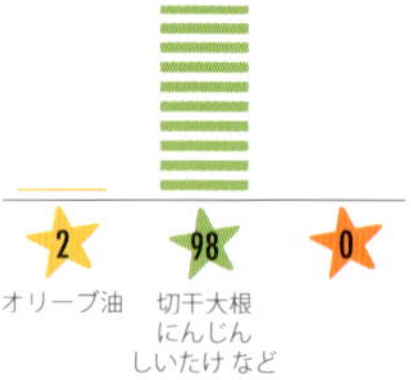

切干大根はうまみがあって応用範囲の広い食材。煮る、炒めるなど和食以外の料理で楽しんでもらおうと、イタリアン仕立てにしてみました。変化のある味で、子どもたちにも好評のスープです。

［材料］4人分

切干大根……………………………… 20g
オリーブ油…………………………… 適量
にんにく（すりおろし）……………… 1かけ
にんじん（細切り）…………………… 1/4本
生しいたけ（細切り）………………… 3個
A ┌水…………………………………… 800cc
A │鶏がらスープのもと………… 小さじ1
A └コンソメ………………………… 少々
塩、ブラックペッパー ……………… 各少々
パセリ（みじん切り）……………… 20g

［作り方］

1 切干大根をぬるま湯で戻し、3cm幅に切ります。

2 オリーブ油ににんにくを入れて火にかけ、にんじん、切干大根、しいたけの順に炒め、Aを加えて煮ます。

3 塩とブラックペッパーで調味し、パセリを入れます。

厚揚げときのこの酸《サン》辛《ラー》湯《タン》

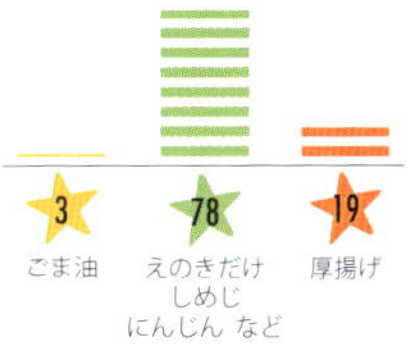

香りと辛さを楽しめる中華風スープです。家庭ではあまり食べたことのない味だと思いますよ。酸っぱい味、辛い味は成長期の子どもの味覚を広げてくれます。まさに大人の味！

［材料］4人分

えのきだけ	1/2束
しめじ	1/3袋
エリンギ（短冊切り）	2本
ごま油	小さじ2
にんじん（短冊切り）	1/4本
大根（短冊切り）	1/4本
A 水	800cc
A 鶏がらスープのもと	小さじ1
厚揚げ（短冊切り）	1個
B 米酢	小さじ1
B しょうゆ	大さじ1と1/3
B 豆板醤	小さじ1/2
B 塩	少々

［作り方］

1 えのきだけは石づきを取って半分の長さに切り、しめじは石づきを取って1本ずつに分けます。

2 ごま油でにんじん、大根、きのこ3種を順に炒め、Aのスープで煮ます。

3 油抜きをした厚揚げを入れ、Bで調味します。

体調に合わせて作る

親ごころメニュー

心も体も健やかに育ってほしい——。
わが子への願いは、みんな共通です。
お子さんが何かできたときに、ちゃんとほめていますか？
ほめられたり、自分で料理を作ったりすると、
脳の働きが活発になるといわれています。

愛情あふれる料理や楽しい食卓には、栄養がたくさんあります。
その栄養は、体の健康に役立つだけでなく、心にもしっかり届きます。
親子で一緒に食材を選んだり、料理を作ったりしながら、
楽しく会話する時間を持ちましょう。

感謝、楽しさ、マナー、命の大切さなど
食を通じて子どもたちが学べることはたくさんあります。
親から教えられたことを身につけた子どもは、
大人になったとき、自分の子にそれを伝える役目を持つようになります。
心と体が育っていくいまだからこそ、
たっぷりの愛情を食卓に届けてあげてください。

★ ★ ★

十美さんの三つ星ノート⑧

【親ごころメニュー】

● メリハリのある食生活で、生活リズムを作りましょう。

朝・昼・晩の食事はしっかりと。おやつがごはん代わりにならないよう、食生活を整えることが第一です。

● 一緒に食卓を囲み、子どもの様子に目を配りましょう。

家族が一緒に食事をする習慣を持つことで、子どもの心身の変化が把握しやすくなります。

● 会話を大事にしましょう。

楽しく会話しながら食べることはそれだけで満足感があり、栄養の吸収も良くなります。

● 体調の優れないときは、消化のいい食材を活用しましょう。

食事を残しても、無理をさせる必要はありません。体調に合わせて消化のいいものを出してあげましょう。

● 一緒に作って、料理の楽しさを体験させましょう。

食欲の旺盛な子には、料理の楽しさも教えてあげてください。親子で作ると、会話も一層弾みます。

くずし豆腐のスープ

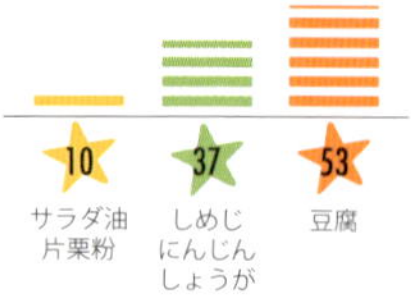

とろみが体を温め、やさしい口当たりのスープです。角切りではなく、あえてくずすことで豆腐のおいしさがわかります。食がすすまないときにも手軽に栄養補給ができますよ。

［材料］4人分

	もめん豆腐	120g
	しめじ	1/2袋
	サラダ油	適量
	にんじん（細切り）	1/3本
	しょうが（すりおろし）	1かけ
A	厚削りだし汁	600cc
A	鶏がらスープのもと	小さじ1
B	しょうゆ	大さじ1と1/3
B	塩	少々
C	片栗粉	大さじ1
C	水	適量

［作り方］

1 豆腐はざるにあげ、水気を切って粗めにほぐします。しめじは石づきを取って小房に分けます。

2 油でにんじんを炒め、しめじ、豆腐を加えてさらに炒めます。

3 しょうがを入れ、Aを合わせたスープで具材に火が通るまで煮ます。

4 Bで調味し、Cの水溶き片栗粉でとろみをつけます。

食欲がないとき

風邪ぎみのとき

ねぎとしょうがのあんかけうどん

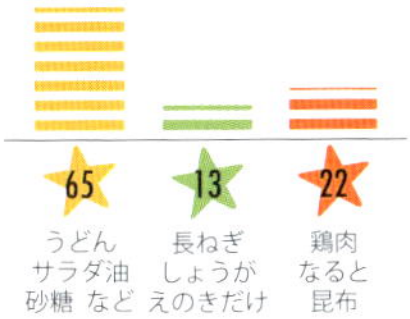

正統派の食べ飽きない味で、とろみがあるので体の芯から温まります。ねぎとしょうがは風邪ぎみのときの特効薬ですね！　このうどんを食べると、途中から体がぽかぽかしてきます。

[材料] 4人分

	えのきだけ	1/2 束
	なると	1/5 本
	サラダ油	適量
	鶏肉むね肉（細切り）	120g
	しょうが（せん切り）	1 かけ
A	厚削りだし汁	600cc
A	昆布だし汁	600cc
A	鶏がらスープのもと	小さじ 1
B	酒	小さじ 2
B	本みりん	小さじ 1
B	砂糖	小さじ 1
B	しょうゆ	カップ 1/3
	A で使った昆布だしの昆布	適量
C	片栗粉	大さじ 4
C	水	適量
	長ねぎ（斜め切り）	1/3 本
	うどん乾めん	400g

[作り方]

1 えのきだけは石づきを取って半分に切り、なるとは縦半分の薄切りにします。

2 油で鶏肉を炒め、しょうが、えのきだけ、なるとを加えてさらに炒めます。

3 A を合わせただし汁を入れ、B で調味します。昆布を細切りにして加えます。

4 C の水とき片栗粉でとろみをつけ、長ねぎを加えます。

5 うどんをゆで、水洗いをしてから湯で温め、丼に入れて 4 の汁を注ぎます。

お腹の調子を整える

大根のやさしいスープ

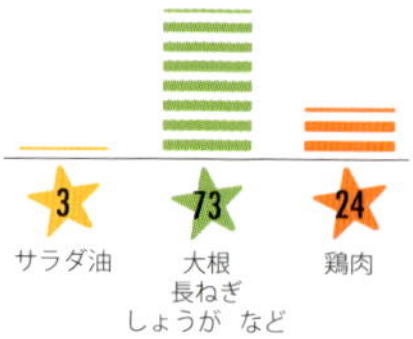

透明感のあるスープはシンプルに見えますが、だしがしっかりとしてラーメンスープのような味。消化の良い大根は胃腸にやさしく、体の調子を整えてくれます。胃がすっきりするメニューです。

[材料] 4人分

	にんにく（すりおろし）	1かけ
	しょうが（すりおろし）	1かけ
	サラダ油	適量
	鶏むね肉（細切り）	80g
	大根（短冊切り）	1/5本
A	固形コンソメ	1/4個
A	鶏がらスープのもと	小さじ1/2
A	水	600cc
B	塩	少々
B	ホワイトペッパー	少々
	長ねぎ（小口切り）	1/3本

[作り方]

1 にんにく、しょうがを油で炒め、香りが出たら鶏肉を入れて炒めます。

2 大根を加えて炒め、Aを合わせたスープで煮ます。

3 大根が軟らかくなったらBで味を調え、最後に長ねぎを加えます。

ふんわり親子丼

ごはん	玉ねぎ 長ねぎ	鶏肉 卵 豆腐
41	24	35

栄養バランスが良く、満足感いっぱい。豆腐とひき肉が入っているのでふんわりと仕上がります。肉にしっかり下味をつけることで、食べたときにおいしい肉汁が口の中に広がりますよ。

［材料］4人分

- 鶏ひき肉……120g
- A
  - 本みりん……大さじ1/2
  - しょうゆ……大さじ2
- もめん豆腐……120g
- 水……200cc
- 玉ねぎ（薄切り）……1個
- B
  - しょうゆ……小さじ2
  - 塩……少々
- 長ねぎ（斜め切り）……1/4本
- 溶き卵……2個分
- ごはん……3合分

［作り方］

1 鶏肉はAで下味をつけ、30分ほど置きます。豆腐はざるにあげて水気を切り、粗くほぐします。

2 鍋に水を入れ、沸騰したら鶏肉をほぐし入れて煮ます。

3 玉ねぎと豆腐を加えて煮ます。火が通ったらBで調味します。

4 長ねぎを加え、溶き卵を全体にまわし入れます。

5 丼にごはんを盛り、4の具をのせます。

元気をつけたいとき

ヨーグルトパンケーキ

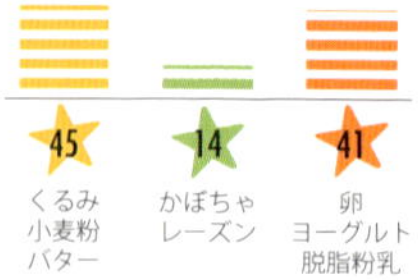

ホットケーキと同じように手軽に焼けるので、休日に家族で一緒に作って食べてほしいおやつです。かぼちゃの甘みとヨーグルトの酸味がやさしく、香りも味も満足できます。

[材料] 4人分

- かぼちゃ …… 40g
- A
  - ヨーグルト …… 100g
  - 卵 …… 1個
  - 脱脂粉乳 …… 大さじ3
- バター …… 大さじ2
- B
  - ホットケーキミックス …… 160g
  - レーズン（粗みじん切り） …… 20g
  - くるみ（ざく切り） …… 20g

[作り方]

1 かぼちゃは皮付きのまま短冊切りにします。

2 Aの材料をミキサーにかけ、バターは電子レンジなどで溶かします。

3 1、2とBの材料を全部混ぜます。

4 フライパンを熱して3を食べやすい大きさに流し入れ、ふたをして蒸し焼きにします。

※カップに入れてオーブンで焼くと、カップケーキになります。

育ち盛りの子のおやつに

テスト前の
ひとふんばり

焼きポテト

乳製品は気持ちをリラックスさせる効果があります。このメニューは、スイートポテトのじゃがいも版として作りました。じゃがいもの素朴な味とチーズの香ばしさが、気持ちをふわっと温かくしてくれます。

［材料］4人分

じゃがいも（乱切り）…………………… 3個

A
- バター………………………… 小さじ2
- 砂糖…………………………… 大さじ1
- 脱脂粉乳……………………… 大さじ3
- クリームチーズ……… 大さじ1と1/3

牛乳……………………………………… 60cc

粉チーズ………………………… 大さじ3

［作り方］

1 じゃがいもは、ゆで上がったら水を切り、軽く火を通して水分を飛ばしておきます。

2 Aを加えながら、じゃがいもを熱いうちにつぶします。

3 2に牛乳を入れてよく混ぜます。

4 耐熱容器に3を入れ、粉チーズをふります。

5 オーブントースターで焦げ目がつくまで焼きます。

本格手作りカレールー

家庭でカレーライスを作るとき、ルーはどうしていますか？　市販のルーに調味料を足して作ることが多いと思いますが、本格的なおいしさを味わうなら、ぜひ手作りに挑戦してみましょう。

置戸町の給食では、もちろん全部手作りです。某ホテルの一流シェフに教えてもらったレシピをもとにアレンジを加えたもので、19種のスパイスで作る、深い深い味わいのカレールーです。

「子どものカレーは辛くないほうがいい」と思いがちですが、おいしいカレーに辛さは欠かせません。このカレーは置戸町の給食の定番で、子どもたちも大好き。大人も満足できるしっかりした辛さですが、安全な材料だけを使っているので雑味がありません。ぜひ家庭で、お子さんと一緒に作ってみてください。

ガーリックグラニュー　クミン
コリアンダー　タイム
フェネグリーク　カルダモン
フェンネル　クローブ
シナモン　オールスパイス
ディールパウダー　ナツメッグ　セージ
ローリエ　スターアニス　ターメリック
ブラックペッパー　カイエンペッパー　カレー粉

作る前に覚えておいて！

- カレールーの材料を1人分に換算すると計量が難しくなるので、ここでは約2kg（120食分）を一度に作ります。
- 120食分といっても、驚くほどの量ではありません。家庭で一度に作る量は8～10食分なので、冷凍保存すれば12～15回で使い切れます。他の家庭におすそ分けしてもよいでしょう。
- 仕上がりは市販のルーの半分程度の量で、家庭用冷蔵庫でも場所を取らずに保存できます。
- 使うスパイスはいずれも微量なので、デジタル計量器（最小1g単位）があると便利です。

19種のスパイスを調合してパッケージにした「置戸町の学校給食カレー　ブレンドスパイス」(40食分)　**[問い合わせ]**置戸町中央公民館　Tel.(0157)52-3075　Fax.(0157)52-3169

[材料] 約2kg＝120食分

スパイス19種
- ガーリックグラニュー……14g
- クミン……51g
- コリアンダー……33g
- タイム……12g
- フェネグリーク……13g
- カルダモン……12g
- フェンネル……27g
- クローブ……5g
- シナモン……21g
- オールスパイス……5g
- ディールパウダー……15g
- ナツメッグ……5g
- セージ……3g
- ローリエ……3g
- スターアニス……5g
- ターメリック……108g
- ブラックペッパー……12g
- カイエンペッパー……9g
- カレー粉……9g

使用済みサラダ油★……480g
しょうが(みじん切り)……120g
にんにく(みじん切り)……120g
小麦粉(薄力粉)……960g

※撮影時は2人1組、計6人で3つのフライパンを使って作りました。グループで作る場合は、材料を全部計量してから等分してください。

[作り方]

1 19種のスパイスを計量してボウルに入れ、全部混ぜておきます。

2 フライパンに油を注ぎます。

★新品よりも使用済み油が良いのは、粉となじみやすいから。天ぷらなどに使った油をこして保存しておくと便利です。

3 2にしょうが、にんにくを入れてから火をつけ、中火で全体が色づくまで炒めます。

4 小麦粉はふるいにかけながら3に入れ、へらでよく練りながら炒めます。

5 1のスパイスを加え、全体にてりが出るまでよく練ります。

※1時間程度かかるので、途中で交替しながら練りましょう。やけどしないよう気をつけて。

でき上がったルーは3週間程度、冷蔵庫で寝かせて熟成させます。その後は小分けにして冷凍保存します。

ポークカレー

ルーから本格的に手作りした置戸町の名物カレー。カレーは月１回ペースで出していて、ポーク、チキン、シーフードなど具材を毎月変えています。しっかり辛いですが、子どもたちには大人気です。

45 ごはん じゃがいも バター
40 にんじん 玉ねぎ りんご など
15 豚肉

［材料］10食分

	豚肉角切り	500g
A	塩	小さじ 1/2
A	ホワイトペッパー	少々
A	赤ワイン	20cc
	水	適量
	じゃがいも	4個
	にんじん	1本
	玉ねぎ	3個
	りんご	1個
	セロリ	1本
	バター	大さじ 2
B	粉末コンソメ	小さじ 1
B	鶏がらスープのもと	小さじ 2
B	クミン	2〜3g
B	コリアンダー	2〜3g
B	マンゴーチャツネ（なくても可）	大さじ 1/2
	野菜ジュース	40cc
	ホールトマト	80g
	水	適量
C	手作りカレールー（P108 参照）	150g
C	ウスターソース	大さじ 2 と 1/2
C	中濃ソース	大さじ 2 と 1/2
C	水	カップ 1
	しょうゆ	大さじ 1 と 1/2

※にんにく、しょうがは手作りカレールーの材料に使っているので、ここでは入れません。

［作り方］

1 豚肉はAで下味をつけてしばらく置きます。

2

鍋に1とひたひたの水を加えて中火にかけ、肉が軟らかくなるまでじっくり煮ます。途中で混ぜたりせず、液が透明になるのを待ってから一気にあくを取ります。

3

じゃがいも、にんじんは角切りにします。玉ねぎは2個を薄切りに、1個を角切りにします。

4 りんごは皮と種を取って薄切りにします。セロリは筋を取り、茎は小口切り、葉はみじん切りにします。

5

別の鍋にバター2/3を溶かし、りんご、セロリ、玉ねぎ（薄切り）をよく炒めます。途中でBの材料を順に加えます。

6

じゃがいも、にんじん、玉ねぎ（角切り）を入れてさっと炒めたら、野菜ジュース、粗切りしたホールトマト、ひたひたの水を加えて煮ます。

7

Cの材料を合わせ、軽くミキサーにかけておきます。

8

じゃがいもが、ややかためのうちに、一度火を止めて7を入れ、豚肉を加えて30分くらい煮込みます。

9 風味づけに、しょうゆと残りのバターを入れ、さらに30分くらい煮込みます。

おすすめ調味料

置戸町の給食で使う調味料は、できるだけ天然に近い原料で作られた、そのまま飲んでもおいしいものを厳選しています。安くて便利な化学調味料に比べて値段は高めですが、一度に少量使うだけで料理の味がグレードアップします。安全で質の良い調味料を選ぶコツと、給食で実際に使われているおすすめ調味料を紹介します。

★ 砂糖

上白糖（北海道糖業）

遺伝子組み換え原料を使わない、道産ビート100%の上白糖。万能の甘味料として、どんな料理にも使える。

★ 純米酒

千代之味（千代寿虎屋）など

米・米こうじ・水だけで作られた純米酒を使っている。風味と後味が良いのが特長。

★ 本みりん

福来純 本みりん三年熟成（白扇酒造）

副原料を含まない本みりんの中でも、三年熟成ものは香り・味が特に良く、料理を品良く仕上げてくれる。

★ 塩

沖縄の塩シママース（青い海）

100%国産の自然塩がベストだが、毎日使うにはやや高価。置戸町の給食では、輸入岩塩を海水で戻し、まきで水分を蒸発させた再生塩を使っている。

★ 米酢

富士酢（飯尾醸造）

京都丹後の山里で農薬を使わずに栽培した米を醪《もろみ》にし、一年がかりで発酵・熟成させる昔ながらの手法で造られた純米酢。

★ りんご酢

本格醸造りんご酢（壽屋漬物道場）

りんご酢は米酢より味が穏やかで、サラダなどの酸味づけに合う。この製品は100%りんご果汁で作られた3年熟成もの。

★しょうゆ

丸大豆しょうゆ（倉繁醸造）

保存料などの添加物を含まず、国産の丸大豆（脱脂加工していない大豆）と小麦、塩だけで作られたしょうゆ。

★オリーブ油

ピュアオリーブオイル（GABAN）

パスタなど火を通す料理にはピュアオリーブ油で十分。エクストラバージン・オリーブ油は香りづけが必要なときに使うと良い。

★ワイン

おけとワイン赤・白（北海道ワイン）

ワインは下味付けや隠し味に便利。置戸町の給食では、地元のブドウで作られた「おけとワイン」を積極的に使っている。

★粉末しいたけ

椎茸粉末（清水商事）

置戸町で栽培される菌床しいたけを乾燥させ、粉末にした調味料。みそ汁などの和風だしに使うと味が上品になる。

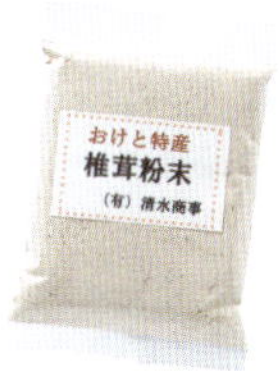

★はちみつ

国産天然はちみつ・シナ蜜（菅野養蜂場）

訓子府町産のはちみつ。甘すぎず、高純度で澄んだ味が特長。サラダなどの甘味料によく合う。

★クリームチーズ

北海道日高クリームチーズ（北海道日高乳業）

安全でおいしいクリームフレッシュチーズ。乳製品ならではの豊かな香りとコクがあり、なめらかで加熱しても分離しにくいのが特長。

置戸町給食カレンダー

★ ★ ★

この本で紹介したレシピ63品は、
置戸町の給食メニューのごく一部にすぎません。
参考までに2009年4月～2010年3月の
年間メニューをご覧ください。
置戸町の給食では週5回のうち3回がごはん、
あとの2回はめんとパンを主食にしています。
メニューの繰り返しが少ないことと、
旬の食材を意識的に取り入れているのが特長で、
名物のカレーは月1回登場します。

※青色で示したメニューの作り方は、各ページを参照してください。

2009年 4 月

こんだて			材料と体内での働き		
日／曜日	主食	おかず（牛乳は毎日つきます）	黄 熱や力になる	緑 体の調子を整える	赤 血や肉になる
6 月	ごはん	舞茸のみそ汁・人参ソテー さばのおろし煮	ごはん	だいこん・まいたけ ごぼう・セロリ たまねぎ・にんじん	さば ぎゅうにゅう
7 火	ごはん	八宝菜・もやしのしょうゆ炒め 豆腐の変わり揚げ	ごはん かたくりこ	しょうが・たけのこ にんじん・ピーマン もやし・しいたけ	ぶたにく・とうふ すりみ・えび・たまご しらす・ぎゅうにゅう
8 水	コッペパン	卵とじうどん ほうれん草のピーナッツ和え	パン うどん	ほうれんそう・もやし たまねぎ・にんじん しいたけ	たまご・やきちくわ ぎゅうにゅう
9 木	ごはん	大根のみそ汁・のり佃煮 豚肉のケチャップ炒め	ごはん	だいこん・にんじん たまねぎ	ぶたにく・のり ぎゅうにゅう
10 金	コッペパン	ベーコンとチンゲン菜のスープ じゃがいものマリネ	パン じゃがいも はるさめ	にんじん・たまねぎ チンゲンさい	ベーコン・ハム ぎゅうにゅう
13 月	ごはん	すまし汁・焼き魚 厚揚げのみそきんぴら	ごはん ふ	ごぼう・にんじん しいたけ	あつあげ・ほっけ はんぺん ぎゅうにゅう
14 火	ごはん	玉葱のみそ汁・ししゃも甘露煮 豚肉と大根の塩味煮	ごはん	しめじ・だいこん たまねぎ・しょうが ながねぎ	ぶたにく・ししゃも あげ・ぎゅうにゅう
15 水	コッペパン	水菜のスパゲティー フルーツクリームチーズ	パン スパゲティー	みずな・たまねぎ にんにく・みかん もも・パイン・りんご	ヨーグルト クリームチーズ ぎゅうにゅう
16 木	桜えびと たけのこの 混ぜごはん	しめじみそ汁 いかの酢じょうゆ和え	ごはん じゃがいも	たけのこ・しめじ キャベツ	さくらえび・とりにく いか ぎゅうにゅう
17 金	あんパン	えのきのスープ ツナと大根のサラダ	パン	えのきだけ・セロリ たまねぎ・にんじん だいこん	ツナ・とりにく ぎゅうにゅう
20 月	小松菜と 豚肉の中華丼	白菜のみそ汁 もやしのおかか和え	ごはん	にんにく・はくさい こまつな・もやし たまねぎ・にんじん	さつまあげ・ぶたにく けずりぶし ぎゅうにゅう
21 火	ごはん	あげのみそ汁・さんまごま揚げ 大豆と切干大根の炒め煮	ごはん じゃがいも こむぎこ	たまねぎ・にんじん きりぼしだいこん	だいず・さんま あげ
22 水	コッペパン	みそラーメン 千切りポテトのカレーサラダ	パン ラーメン じゃがいも	もやし・たまねぎ にんじん・セロリ しょうが・にんにく	やきちくわ・ツナ ぶたにく ぎゅうにゅう
23 木	ごはん	かきたま汁・手作りふりかけ(P33) 鶏肉のみそ煮込み	ごはん	たまねぎ・にんじん ピーマン・たけのこ	とりにく・しらす けずりぶし・はんぺん ぎゅうにゅう・たまご
24 金	スライス パン	和風春雨スープ さつまいものサラダ	パン さつまいも	だいこん・にんじん たまねぎ	ベーコン・ハム ぎゅうにゅう
27 月	ごはん	わかめみそ汁・昆布豆 鮭のムニエル青じそソース	ごはん じゃがいも	おおば・しょうが	さけ・こんぶ わかめ ぎゅうにゅう
28 火	シーフード カレー	福神漬け パイン缶	ごはん じゃがいも	りんご・セロリ たまねぎ・にんじん パイン	えび・いか・ほたて ぎゅうにゅう
30 木	ごはん	たもぎたけのみそ汁・味付けのり おから煮・ジャーマンポテト	ごはん じゃがいも こんにゃく	たもぎたけ・ごぼう たまねぎ・しいたけ にんじん	おから・ウインナー とりにく・なると・のり とうふ・ぎゅうにゅう

2009年 5 月

こんだて				材料と体内での働き		
日	曜日	主 食	おかず （牛乳は毎日つきます）	黄 熱や力になる	緑 体の調子を整える	赤 血や肉になる
1	金	コッペパン	キムチスープ スタミナサラダ	パン じゃがいも	にんじん・だいこん たまねぎ	ぶたにく・チーズ やきちくわ・わかめ ぎゅうにゅう
7	木	菜めし おにぎり	えのきのすまし汁・小松菜のおひたし 鶏肉とこんにゃくのみそ煮	ごはん こんにゃく ふ	ながねぎ・えのきだけ もやし・こまつな	とりにく・はんぺん ぎゅうにゅう
8	金	黒砂糖パン	肉団子とチンゲン菜のスープ さつまいものミルク煮	パン でんぷん さつまいも	チンゲンさい ながねぎ しいたけ	とうふ・とりにく だっしふんにゅう ぎゅうにゅう
11	月	ごはん	みそバター豚汁・浜炊きいわし しめじ佃煮	ごはん こんにゃく じゃがいも	だいこん・ごぼう にんじん・しめじ たけのこ	ぶたにく・あげ こんぶ・いわし ぎゅうにゅう
12	火	ほたて丼	ごぼうとひき肉のスープ 水菜とちくわの酢みそ和え	ごはん でんぷん	カラーピーマン くきにんにく・みずな ごぼう・たまねぎ	ほたて・とりにく とうふ・ちくわ ぎゅうにゅう
13	水	コッペパン	なすのスパゲティーペペロンチーノ ハムエッグ・清見オレンジ	パン スパゲティー	にんにく・キャベツ オレンジ・なす	ベーコン・ハム たまご ぎゅうにゅう
14	木	ごはん	なめこみそ汁・焼き魚（ます） 大豆入りきんぴら	ごはん こんにゃく	ごぼう・にんじん なめこ	だいず・ながてん とうふ・あげ・ます ぎゅうにゅう
15	金	コッペパン	ワンタンスープ スクランブルエッグ	パン ワンタン	もやし・キャベツ にんじん・たまねぎ パセリ・にんにく	ぶたにく・とうふ たまご・チーズ・ハム ぎゅうにゅう
18	月	ごはん	わかめみそ汁・白菜のポン酢和え 豚ロース生姜焼き	ごはん	はくさい にんじん しょうが	ぶたにく・とうふ わかめ ぎゅうにゅう
19	火	ごはん	玉葱のみそ汁・ほっけから揚げ じゃがいもとひじきの炒め煮	ごはん じゃがいも	たまねぎ にんじん	ほっけ・あげ ひじき ぎゅうにゅう
20	水	かしわうどん	里芋といかのごまみそ煮 バナナ	うどん さといも	しいたけ たまねぎ バナナ	とりにく・なると あげ・いか ぎゅうにゅう
21	木	ポークカレー (P110)	フルーツヨーグルト 福神漬け	ごはん じゃがいも	たまねぎ・にんじん りんご・セロリ みかん・もも・パイン	ぶたにく・ヨーグルト クリームチーズ ぎゅうにゅう
22	金	チョコパン	きのこと卵のスープ コーンコロッケ・フライドポテト	パン じゃがいも	しめじ・えのきだけ しいたけ・たまねぎ	たまご・やきちくわ ぎゅうにゅう
25	月	人参と豚肉の ごま炒めごはん	キャベツのみそ汁 もやしときゅうりのナムル	ごはん	いんげん・しょうが キャベツ・きゅうり もやし・しいたけ	ぶたにく・あつあげ ぎゅうにゅう
26	火	ごはん	白菜のみそ汁・味付けのり 鮭のけんちん焼き	ごはん	にんじん・はくさい えのきだけ しいたけ	さけ・とうふ たまご・のり ぎゅうにゅう
27	水	コッペパン	アスパラと豚肉の塩焼きそば 大根キムチ炒め	パン ラーメン	グリーンアスパラ ピーマン・たまねぎ だいこん・にんじん	ぶたにく ぎゅうにゅう
28	木	ごはん	ふのりのみそ汁(P90)・わかさぎ佃煮 カレー味中華風肉じゃが	ごはん じゃがいも かたくりこ	しょうが・にんじん たまねぎ・にんにく だいこん	ふのり・とりにく わかさぎ ぎゅうにゅう
29	金	コッペパン	人参とウインナーのスープ ポテトサラダ・りんごジャム	パン じゃがいも マカロニ	はくさい・にんじん セロリ・たまねぎ パセリ	ウインナー ぎゅうにゅう

2009年 6月

こんだて			材料と体内での働き		
日／曜日	主食	おかず （牛乳は毎日つきます）	黄 熱や力になる	緑 体の調子を整える	赤 血や肉になる
1 月	ごまみそ チキン丼	すまし汁 シーフードマリネ	ごはん しらたき ふ	ピーマン・セロリ たまねぎ・にんじん しいたけ・えのきだけ	えび・いか・あさり とりにく・あつあげ ぎゅうにゅう
2 火	いなきびごはん	舞茸のみそ汁・さんまママレード煮 豚肉のコチジャン炒め	ごはん	アスパラ・エリンギ ながねぎ・たまねぎ だいこん・まいたけ	ぶたにく・さんま とうふ ぎゅうにゅう
3 水	コッペパン	リコッタチーズナポリタン たけのこのスープ・粉ふきさつまいも	パン スパゲティー さつまいも	たまねぎ・ピーマン たけのこ・にんじん	ベーコン・チーズ ぶたにく ぎゅうにゅう
4 木	ごはん	ごぼうみそ汁・かれい田楽 もやしのおかか和え	ごはん	ごぼう・にんじん もやし・ピーマン セロリ	かれい・あぶらあげ けずりぶし ぎゅうにゅう
5 金	揚げパン	ポテトとマッシュルームのスープ キャベツのカレーサラダ・サンフルーツ	パン じゃがいも	マッシュルーム きゅうり・キャベツ サンフルーツ	やきちくわ ぎゅうにゅう
8 月	ごはん	白玉汁・白菜といかのピリ辛みそ炒め シャキシャキいもサラダ(P75)	ごはん・じゃがいも しらたまこ こむぎこ	いんげん・はくさい ながねぎ・しいたけ	とりにく・あぶらあげ いか ぎゅうにゅう
9 火	ごはん	中華スープ・焼き魚 麻婆キャベツ	ごはん	キャベツ・にんにく しょうが・ながねぎ たけのこ・たまねぎ	ぶたにく・ほっけ ぎゅうにゅう
10 水	コッペパン	つけラーメン・ミニトマト マスタードチキン	パン ラーメン	しょうが・ながねぎ にんにく・トマト	ぎゅうにゅう とりにく
11 木	ドライカレー	福神漬け メロン	ごはん	たまねぎ・にんにく メロン・にんじん ピーマン・レーズン	ぶたにく・とりにく ぎゅうにゅう
12 金	クリームパン	コーンスープ さつまいもとソーセージのサラダ	パン さつまいも	たまねぎ・コーン マッシュルーム にんじん	ウインナー ぎゅうにゅう
15 月	ごはん	なめこ汁・さばの照焼き 厚揚げのチャンプルー	ごはん	なめこ・だいこん ピーマン・もやし	さば・あつあげ たまご ぎゅうにゅう
16 火	ごはん	すりみ汁・昆布佃煮 赤魚のねぎみそ焼き	ごはん じゃがいも	えのきだけ・にんじん ながねぎ・コーン	すりみ・あかうお こんぶ ぎゅうにゅう
17 水	かき揚げうどん (P47)	大根ポン酢しょうゆ炒め バナナ	うどん じゃがいも こむぎこ	にんじん・ピーマン しいたけ・だいこん ながねぎ・たまねぎ	たまご・なると ぶたにく ぎゅうにゅう
18 木	ごはん	きくらげのスープ・春巻き きのこえびチリソース	ごはん	にんにく・しょうが にんじん・たまねぎ・きくらげ エリンギ・しいたけ	ぶたにく・えび ぎゅうにゅう
19 金	コッペパン	具だくさんスープ サワースパゲティー	パン スパゲティー じゃがいも	キャベツ・いんげん たまねぎ・にんじん	チーズ・とりにく ハム・ヨーグルト ぎゅうにゅう
22 月	鮭菜おにぎり	大根のみそ汁 ごぼうとベーコンの塩きんぴら	ごはん	ごぼう・だいこん	やきちくわ・ベーコン さけ・ふのり ぎゅうにゅう
23 火	豚キムチ丼	たもぎたけのみそ汁 変わりごま和え	ごはん	たもぎたけ・たまねぎ しょうが・にんにく はくさい・ほうれんそう	ぶたにく・とうふ たまご ぎゅうにゅう
24 水	コッペパン	あさりみそ焼きそば（P45） 中華サラダ	パン ラーメン はるさめ	キャベツ・にんじん たまねぎ・にんにく きゅうり	あさり・ハム やきちくわ・くらげ ぎゅうにゅう
25 木	ごはん	かき玉汁・さんま塩焼き ひき肉と切干大根のみそ炒め	ごはん じゃがいも	しいたけ・たまねぎ えのきだけ・にんじん きりぼしだいこん	とうふ・たまご ぶたにく・とりにく さんま・ぎゅうにゅう
26 金	コッペパン	マカロニと野菜のトマト煮 ベーじゃが	パン マカロニ じゃがいも	セロリ・たまねぎ いんげん・にんじん キャベツ	ベーコン ぎゅうにゅう
29 月	鶏肉の カレーピラフ	キャベツとベーコンのスープ チンゲン菜とツナのごまマヨソース	ごはん	チンゲンさい にんじん・ピーマン キャベツ・きゅうり	とりにく・ベーコン ツナ ぎゅうにゅう
30 火	ごはん	ザーサイのスープ・ナスのオイスター炒め さばのマスタードパン粉焼き・ジョア	ごはん パンこ	なす・ザーサイ えのきだけ・しょうが たまねぎ	さば・とうふ ジョア

2009年 7月

こんだて				材料と体内での働き		
日	曜日	主 食	おかず （牛乳は毎日つきます）	黄 熱や力になる	緑 体の調子を整える	赤 血や肉になる
1	水	コッペパン	スパゲティートマトソース(P37) 雪見だいふく・スパニッシュオムレツ	パン スパゲティー じゃがいも	たまねぎ・にんにく しいたけ・ピーマン マッシュルーム・ほうれんそう	ベーコン・たまご チーズ ぎゅうにゅう
2	木	ごはん	しめじみそ汁・コーンと人参のソテー ハンバーグごまみそソース(P57)	ごはん なまパンこ	コーン・にんじん たまねぎ・しょうが しめじ	わかめ・とりにく ぶたにく・たまご ぎゅうにゅう
3	金	黒砂糖パン	ポトフ・男爵コロッケ もやしのナムル	パン じゃがいも	だいこん・にんじん たまねぎ・いんげん もやし	とりにく ぎゅうにゅう
6	月	ふき飯	ふのりのみそ汁（P90） 洋風おから	ごはん じゃがいも	ふき・ピーマン たまねぎ	とりにく・おから あげ・ひじき・ベーコン ふのり・ぎゅうにゅう
7	火	牛丼	なめこと豆腐のみそ汁 白菜のピーナッツ和え	ごはん しらたき	なめこ・たまねぎ コーン・はくさい	ぎゅうにく・とうふ やきちくわ ぎゅうにゅう
8	水	コッペパン	鶏あんかけ焼きそば いかとキャベツのサラダ	パン ラーメン	キャベツ・ながねぎ きくらげ・にんにく	いか・とりにく ぎゅうにゅう
9	木	ごはん	大根すまし・ますのピリッと揚げ じゃがいものみそバター煮(P80)	ごはん・ふ かたくりこ じゃがいも・こむぎこ	だいこん・しょうが にんにく・えのきだけ コーン	ます・ぶたにく ぎゅうにゅう
10	金	コッペパン	イタリアン麻婆 茎にんにくとウインナーのソテー	パン じゃがいも	ズッキーニ・ピーマン にんじん・たまねぎ マッシュルーム・くきにんにく	とうふ・とりにく ウインナー ぎゅうにゅう
13	月	切干大根入り 混ぜ寿司	わかめのみそ汁 野菜のしらす和え	ごはん	きりぼしだいこん・ごぼう にんじん・しいたけ・はくさい ほうれんそう・もやし	さつまあげ・とりにく とうふ・しらすぼし ぎゅうにゅう・のり
14	火	梅じゃこ おにぎり	けんちん汁 豚肉とエリンギの高菜炒め	ごはん じゃがいも こんにゃく	だいこん・エリンギ にんじん・ながねぎ たかな・ごぼう	あつあげ・ぶたにく ぎゅうにゅう
15	水	ごまだれ うどん(P46)	焼きポテト（P107） ソフール	うどん じゃがいも	ながねぎ・しょうが	とりにく・ソフール だっしふんにゅう クリームチーズ・ぎゅうにゅう
16	木	夏野菜カレー	福神漬け すいか	ごはん じゃがいも	なす・ピーマン・トマト たまねぎ・ズッキーニ セロリ・りんご・すいか	とりにく ぎゅうにゅう
17	金	コッペパン	厚揚げときのこのサンラータン(P99) いんげんとツナの炒め物	パン じゃがいも	えのきだけ・しいたけ にんじん・だいこん いんげん・たまねぎ	あつあげ・ツナ ぎゅうにゅう
21	火	ごはん	とろろ昆布入りみそ汁・焼き魚 ゴーヤチャンプルー	ごはん じゃがいも	ゴーヤ・たまねぎ	ほっけ・とうふ とろろこんぶ・たまご あげ・ぎゅうにゅう
22	水	コッペパン	ほたてラーメン わかめの生姜酢和え	パン ラーメン じゃがいも	もやし・きくらげ にんじん・たまねぎ しょうが・にんにく	ほたて・なると わかめ ぎゅうにゅう
23	木	ごはん	コーンスープ・もやし炒め 鶏肉のジンジャーハニーソース	ごはん じゃがいも	しょうが・コーン・にんじん たまねぎ・キャベツ もやし・えのきだけ	とりにく ぎゅうにゅう
24	金	あんパン	肉団子とキャベツのスープ じゃがいものマリネ	パン じゃがいも パンこ	セロリ・たまねぎ パセリ・キャベツ にんじん	ぶたにく・たまご ハム ぎゅうにゅう

2009年 8月

こんだて			材料と体内での働き		
日/曜日	主 食	おかず （牛乳は毎日つきます）	黄 熱や力になる	緑 体の調子を整える	赤 血や肉になる
18 火	そぼろ丼	じゃがいものみそ汁 キャベツごま酢和え	ごはん ふ じゃがいも	しいたけ・ピーマン たけのこ・ながねぎ たまねぎ・キャベツ にんじん	ぶたにく・やきちくわ ぎゅうにゅう
19 水	コッペパン	つけラーメン 鶏肉とさつまいもの カマンベールチーズ焼き	パン ラーメン さつまいも	しょうが・ながねぎ	のり・とりにく チーズ ぎゅうにゅう
20 木	ハヤシライス	フルーツオレンジ 福神漬け	ごはん	たまねぎ・にんじん にんにく・しょうが りんご・セロリ みかん・パイン・もも	ぎゅうにく・ぶたにく ぎゅうにゅう
21 金	チョコパン	わかめスープ マカロニの中華風煮	パン マカロニ じゃがいも	にんじん・キャベツ たまねぎ・しいたけ	はんぺん・ぶたにく わかめ ぎゅうにゅう
24 月	シーフード ピラフ	コーンスープ ハムサラダ	ごはん	マッシュルーム たまねぎ・パセリ きゅうり・ピーマン コーン	えび・いか・あさり ハム ぎゅうにゅう
25 火	ごはん	なめこみそ汁 焼き魚（塩さば） 切干大根とにらの炒めナムル	ごはん	なめこ・にんにく きりぼしだいこん にら・ながねぎ	とうふ・ぶたにく さば ぎゅうにゅう
26 水	キムチと 根菜の ピリ辛うどん	いかといんげんのみそ炒め とうきび	うどん	ごぼう・だいこん・はくさい ながねぎ・いんげん にんじん・しいたけ にんにく・とうきび	ぶたにく・いか ぎゅうにゅう
27 木	ごはん	白菜のみそ汁 ツナローフ もやしときゅうりのサラダ	ごはん こむぎこ パンこ	にんじん・たまねぎ はくさい・きゅうり もやし・グリンピース	ツナ・ベーコン たまご・あつあげ ぎゅうにゅう
28 金	コッペパン	ズッキーニの生姜スープ カレーミックスポテト	パン じゃがいも かたくりこ	ズッキーニ・セロリ えのきだけ・にんじん コーン・パセリ	チーズ・とうふ ベーコン ぎゅうにゅう
31 月	ごはん	ごぼうのみそ汁 鮭のマリネ 手作りふりかけ（P33）	ごはん こむぎこ かたくりこ	たまねぎ・ごぼう だいこん・にんじん	さけ・しらすぼし あぶらあげ・のり ぎゅうにゅう

2009年 9月

こんだて			材料と体内での働き		
日／曜日	主食	おかず （牛乳は毎日つきます）	黄 熱や力になる	緑 体の調子を整える	赤 血や肉になる
1 火	ふんわり 親子丼(P105)	ふのりのみそ汁（P90） もやしとしめじのピーナッツ和え	ごはん	たまねぎ・だいこん もやし・しめじ はくさい・ながねぎ	とりにく・とうふ たまご・ふのり ぎゅうにゅう
2 水	コッペパン	塩焼きそば 豚肉の中華和え	ラーメン パン	しいたけ・キャベツ にんじん・しょうが たまねぎ	やきちくわ・ほしえび ぶたにく ぎゅうにゅう
3 木	ごはん	白玉汁・昆布佃煮 高野豆腐の肉みそ煮	ごはん・しらたき しらたまこ こむぎこ	にんじん・いんげん たけのこ・だいこん しいたけ	こうやどうふ・こんぶ ぶたにく・ながてん だっしふんにゅう
4 金	コッペパン	ポテトとマッシュルームのスープ チリコンカン	パン じゃがいも	マッシュルーム にんじん・たまねぎ にんにく・パセリ	ぶたにく だいず ぎゅうにゅう
7 月	深川めし	くずし豆腐のスープ（P102） 白菜のポン酢和え	ごはん	ごぼう・にんじん しょうが・あおまめ はくさい・えのきだけ	あさり・とうふ ぎゅうにゅう
8 火	ごはん	玉葱のみそ汁・いわし甘露煮 さつまいもと豚肉のピリ辛炒め・味付のり	ごはん さつまいも	ピーマン・ながねぎ たまねぎ	ぶたにく・のり あげ・いわし ぎゅうにゅう
9 水	コッペパン	じゃがいもと豚肉のペペロンチーノ(P38) ハムエッグ	パン スパゲティー	にんにく・パセリ たまねぎ・キャベツ	ハム・たまご ぶたにく ぎゅうにゅう
10 木	赤米ごはん	すまし汁・さんま塩焼き みそ味きんぴら	ごはん ふ こんにゃく	えのきだけ・しいたけ ごぼう・にんじん	とうふ・さんま やきちくわ・ぶたにく ぎゅうにゅう
11 金	黒砂糖パン	キャベツとウインナーのスープ ポテトサラダ	パン・マカロニ はるさめ じゃがいも	キャベツ・にんじん セロリ・きゅうり たまねぎ・パセリ	ウインナー ぎゅうにゅう
14 月	ごはん	大根と鮭のバター風味汁(P96) きのこいり豆腐	ごはん じゃがいも	しめじ・しいたけ えのきだけ・にんじん ながねぎ・だいこん	とうふ・おから たまご・さけ ぎゅうにゅう
15 火	おにぎり	しめじみそ汁 ほっけのもみじ焼き（P67）	ごはん じゃがいも	にんじん・しめじ	ほっけ ぎゅうにゅう
16 水	かしわうどん	ふきとがんもの煮つけ ラ・フランス	うどん こんにゃく さといも	ふき・しいたけ ラ・フランス	とりにく・がんも なると・あげ ぎゅうにゅう
17 木	えびフライカレー	福神漬け ぶどう	ごはん じゃがいも	りんご・セロリ たまねぎ・にんじん トマト・ぶどう	えび ぎゅうにゅう
18 金	コッペパン	卵スープ さつまいものサラダ（P72）	パン かたくりこ さつまいも	コーン・チンゲンさい たまねぎ・にんじん しいたけ	たまご・ぶたにく クリームチーズ ぎゅうにゅう
24 木	栗と青菜の 中華おこわ	もやしのみそ汁 ちくわの辛子和え	もちごめ	こまつな・もやし たかな・はくさい しょうが・ながねぎ	ほしえび・さつまあげ やきちくわ・あげ ぎゅうにゅう
25 金	クリームパン	海鮮トマトスープ・肉じゃがコロッケ 人参のアーモンド炒め	パン じゃがいも	にんじん・たまねぎ マッシュルーム キャベツ・にんにく	えび・ほたて・いか ぶたにく ぎゅうにゅう
28 月	ごはん	鶏ごぼう汁(P92)・いんげん素揚げ さばのごま風味竜田揚げ	ごはん こんにゃく こむぎこ	いんげん・ごぼう にんじん・えのきだけ	とりにく・あつあげ さば・たまご ぎゅうにゅう
29 火	ひき肉とひじき 炒め混ぜ ごはん（P28）	わかめスープ ベーコンといものサラダ	ごはん こんにゃく じゃがいも	にんじん・だいこん たまねぎ	ぶたにく・ひじき わかめ・ベーコン ぎゅうにゅう
30 水	コッペパン	みそラーメン お好み焼き風オムレツ	パン ラーメン	もやし・しょうが にんにく・たまねぎ キャベツ・ながねぎ	たまご・なると やきちくわ・ぶたにく ぎゅうにゅう

2009年10月

こんだて			材料と体内での働き		
日／曜日	主食	おかず （牛乳は毎日つきます）	黄 熱や力になる	緑 体の調子を整える	赤 血や肉になる
5 月	ごはん	ごま風味豚汁（P91）・ジョア かれい南蛮漬け	じゃがいも こんにゃく ごはん	だいこん・ながねぎ にんじん・たまねぎ ピーマン・しょうが	ぶたにく・かれい とうふ・ジョア
6 火	金平丼(P32)	大根のみそ汁 白菜のおかか和え	しらたき ごはん	ごぼう・にんじん しいたけ・もやし・はくさい ながねぎ・きくらげ	あげ・さつまあげ ぶたにく・けずりぶし ぎゅうにゅう
7 水	コッペパン	焼きそば ツナサラダ	パン ラーメン	キャベツ・にんじん セロリ・たまねぎ	やきちくわ・ツナ ぎゅうにゅう
8 木	もやしと豚肉の混ぜごはん	しめじみそ汁 いんげんのピーナッツ和え	ごはん	もやし・にんにく しょうが・いんげん しめじ・ピーマン	あつあげ・ぶたにく ぎゅうにゅう
9 金	コッペパン	鶏肉といものカレー煮 いかのサラダ	じゃがいも はるさめ パン	たまねぎ・にんじん きゅうり	とりにく・いか ぎゅうにゅう
13 火	ごはん	なめこのみそ汁・みそカツ(P55) ピーマンオイスターソース炒め	ごはん パンこ こむぎこ	なめこ・だいこん ながねぎ・しょうが にんにく・ピーマン	ぶたにく・たまご ぎゅうにゅう
14 水	山菜うどん	粉ふきさつまいも りんご	うどん さつまいも	ふき・たけのこ にんじん・しいたけ りんご	ぎゅうにゅう あげ
15 木	ごはん	卵スープ・コーンソテー キャベツ豆腐バーグ（P76）	ごはん こむぎこ	キャベツ・にんにく たけのこ・しいたけ にんじん・コーン	とうふ・とりにく たまご ぎゅうにゅう
16 金	あんパン	ベーじゃが マカロニと野菜のトマト煮	パン マカロニ じゃがいも	たまねぎ・いんげん セロリ・にんじん キャベツ	ベーコン ぎゅうにゅう
19 月	ごはん	ふのりのみそ汁(P90)・豚チリ大根 鮭のムニエル	ごはん じゃがいも かたくりこ	だいこん・エリンギ しょうが・にんにく ながねぎ	さけ・ぶたにく あげ・ふのり ぎゅうにゅう
20 火	ごはん	豆腐のみそ汁・ちりめん佃煮 揚げかぼちゃの甘辛だれ(P78)	ごはん	かぼちゃ・いんげん ながねぎ	とうふ・ぶたにく ちりめん ぎゅうにゅう
21 水	コッペパン	つけラーメン 手羽元のオレンジ風味揚げ	パン ラーメン	しょうが・ながねぎ	とりてば・のり ぎゅうにゅう
22 木	チキンきのこカレー	福神漬け 口どけ生乳ヨーグルト	ごはん じゃがいも	エリンギ・しいたけ えのきだけ・しめじ たまねぎ・にんじん	ヨーグルト・とりにく ぎゅうにゅう
23 金	コッペパン	大根と鶏肉のスープ煮 ポテトサラダ	パン じゃがいも マカロニ	にんじん・セロリ パセリ・たまねぎ いんげん	とりにく ぎゅうにゅう
26 月	ごはん	けんちん汁・焼き魚 白菜のごま酢和え	ごはん じゃがいも こんにゃく	はくさい・コーン ごぼう・にんじん だいこん	あつあげ・ほっけ ぎゅうにゅう
27 火	ごはん	すまし汁・さつま揚げ 切干大根の炒めナムル	ごはん ふ	えのきだけ・にんじん ながねぎ・たけのこ きりぼしだいこん	すりみ・たまご おから・ぶたにく ぎゅうにゅう・だいず
28 水	ヨーグルトカップケーキ(P106)	ベーコンといんげんのコーンクリーム スティックパイン・スパゲティー	スパゲティー こむぎこ	かぼちゃ・コーン いんげん・パイン たまねぎ・レーズン	たまご・ヨーグルト ベーコン・くるみ ぎゅうにゅう
29 木	サツマんま(P29)	わかめみそ汁 キャベツの麻婆炒め	ごはん さつまいも	ピーマン・たまねぎ キャベツ・ながねぎ しいたけ・しょうが	ぶたにく・さつまあげ わかめ・ベーコン ぎゅうにゅう・とうふ
30 金	スライスパン	キムチスープ・りんごジャム もやしとハムのマリネ	パン じゃがいも	はくさい・にんじん たまねぎ・もやし ながねぎ・だいこん	ハム・ぶたにく ぎゅうにゅう

2009年11月

こんだて			材料と体内での働き		
日／曜日	主食	おかず （牛乳は毎日つきます）	黄 熱や力になる	緑 体の調子を整える	赤 血や肉になる
2 月	ごはん	すり身汁・焼き魚 野菜炒め	ごはん	ごぼう・しいたけ たまねぎ・にんじん	すりみ・さんま あげ ぎゅうにゅう
4 水	コッペパン	オイスターソース焼きそば あさりと白菜のサラダ	パン ラーメン	もやし・はくさい たまねぎ	ぶたにく・あさり ぎゅうにゅう
5 木	ごはん	なめこみそ汁・ひじきのり佃煮 豚キムチの豆腐グラタン	ごはん	ながねぎ・しいたけ なめこ・だいこん クリームコーン	ぶたにく・とうふ のり・ひじき・チーズ ぎゅうにゅう
6 金	コッペパン	鶏肉ときのこのみそトマトソース煮(P52) キャベツのマスタードマリネ	パン	たまねぎ・しいたけ エリンギ・ピーマン キャベツ	とりにく ぎゅうにゅう
9 月	ごはん	生揚げのみそ汁・ゆで野菜 豚肉のオリーブ炒め	ごはん じゃがいも	にんにく・ピーマン たまねぎ・はくさい にんじん・もやし	ぶたにく・なまあげ ぎゅうにゅう
10 火	ベーコン小松菜の混ぜごはん	オニオンスープ ささみの甘酢和え	ごはん	きりぼしだいこん こまつな・たまねぎ えのきだけ・にんにく	ささみ・ベーコン ぎゅうにゅう
11 水	きつねもちうどん	さつまいものツナソース	うどん さつまいも	しいたけ・ふき	ぶたにく・あげ ツナ・なまクリーム ぎゅうにゅう・なると
12 木	ごはん	しめじみそ汁・味付のり 鮭のポテトサラダ焼き	ごはん じゃがいも	にんじん・たまねぎ だいこん・しめじ	さけ・のり チーズ・たまご ぎゅうにゅう
13 金	コッペパン	いもとソーセージのカレークリーム煮 いんげんと人参のソテー	パン じゃがいも	エリンギ・たまねぎ いんげん・にんじん コーン	ウインナー クリームチーズ だっしふんにゅう
16 月	ごはん	もやしと揚げのみそ汁・いか漁火焼き 大豆の磯煮	ごはん こんにゃく	もやし・にんじん	あげ・いか だいず・ひじき ぎゅうにゅう
17 火	こんぶおにぎり	エリンギのスープ 豚肉と人参の甘辛炒め	ごはん	エリンギ・にんじん たまねぎ・たけのこ しいたけ	ぶたにく・こんぶ ぎゅうにゅう
18 水	コッペパン	塩ラーメン こんにゃくとピーマンのしょうゆ炒め	パン ラーメン じゃがいも	もやし・メンマ・たまねぎ にんじん・しょうが にんにく・ピーマン	ぶたにく・なると ぎゅうにゅう
19 木	いもときのこのピラフ	あさりのスープ 蒸し鶏の甘みそがけ	ごはん じゃがいも マカロニ	しめじ・しいたけ マッシュルーム たまねぎ	ベーコン・あさり とりにく ぎゅうにゅう
20 金	コッペパン	豚肉とザーサイのスープ かぼちゃサラダ	パン さつまいも	きくらげ・かぼちゃ たまねぎ・ザーサイ	ぶたにく・ベーコン ぎゅうにゅう
24 火	ごはん	わかめみそ汁・うの花煮 ほっけから揚げ	ごはん こんにゃく	ごぼう・にんじん しいたけ・だいこん	ほっけ・とりにく なると・わかめ こうやどうふ・おから
25 水	コッペパン	えびのローズソーススパゲティー フルーツゼリー和え	パン スパゲティー	にんにく・たまねぎ マッシュルーム みかん・もも・パイン	えび ぎゅうにゅう
26 木	ポークカレー(P110)	福神漬け りんご	ごはん じゃがいも	りんご・セロリ たまねぎ・にんじん にんにく・しょうが	ぶたにく ぎゅうにゅう
27 金	チョコパン	豆腐と卵のスープ ホタテとれんこんのバターしょうゆ炒め	パン	れんこん・ながねぎ にんじん・たまねぎ	ホタテ・とうふ たまご
30 月	豚肉のピリ辛丼	切干大根のスープ（P98） うずら豆煮豆	ごはん しらたき	ピーマン・たまねぎ きりぼしだいこん しいたけ・にんじん	ぶたにく・やきちくわ まめ

2009年12月

こんだて				材料と体内での働き		
日	曜日	主食	おかず（牛乳は毎日つきます）	黄 熱や力になる	緑 体の調子を整える	赤 血や肉になる
1	火	ごはん	じゃがすまし・おかか白菜 いなだみそ味磯辺フライ	じゃがいも・ふ こむぎこ・パンこ ごはん	しいたけ・はくさい にんじん	はんぺん・いなだ たまご・けずりぶし ぎゅうにゅう・のり
2	水	コッペパン	みそラーメン じゃがいも(レッドアンデス)ごまがらめ	パン じゃがいも ラーメン	しょうが・にんにく たまねぎ・にんじん もやし・きくらげ	なると ぎゅうにゅう
3	木	ごはん	玉葱のみそ汁・昆布豆・味付のり さつまいもと豚肉のごま油炒め	さつまいも ごはん	ながねぎ・ピーマン しめじ・たまねぎ	ぶたにく・あげ のり・こんぶ・だいず ぎゅうにゅう
4	金	クリームパン	ワンタンスープ・みかん いかののりしょうゆ	パン ワンタン	にんじん・もやし ながねぎ・たけのこ キャベツ・にんにく	ぶたにく・いか のり ぎゅうにゅう
7	月	鮭菜おにぎり	舞茸のみそ汁 うま煮	ごはん こんにゃく さといも	まいたけ・だいこん にんじん・たけのこ しいたけ	とりにく・なると さけ ぎゅうにゅう
8	火	ごはん	ふのりみそ汁・おひたし さばの中華風照焼	じゃがいも ごはん	ほうれんそう もやし	さば・ふのり ぎゅうにゅう
9	水	きのこの あんかけうどん	キムチ炒め りんご	うどん	しめじ・しいたけ えのきだけ・にんじん たまねぎ・キャベツ	たまご・ぶたにく ぎゅうにゅう
10	木	ドライカレー	フルーツサラダ 福神漬け	ごはん	たまねぎ・しょうが にんにく・ピーマン・にんじん みかん・パイン・もも	ぶたにく・とりにく ヨーグルト ぎゅうにゅう
11	金	コッペパン	大根のやさしいスープ（P104） マカロニサラダ	パン マカロニ じゃがいも	だいこん・ながねぎ にんにく・しょうが にんじん・たまねぎ	とりにく・ハム ぎゅうにゅう
14	月	親子丼	もやしみそ汁 ヤーコンみそ炒め	ごはん こんにゃく	しいたけ・たまねぎ にんじん・もやし ヤーコン・ピーマン	とりにく・たまご あげ・やきちくわ ぎゅうにゅう
15	火	しめじの 塩豚ごはん	豆腐のみそ汁 ほうれんそうのなたね和え	ごはん	キャベツ・なたね ほうれんそう・しめじ ながねぎ・にんじん	たまご・ぶたにく とうふ ぎゅうにゅう
16	水	コッペパン	中華風スパゲティー（P41） 卵のミートカップ	パン スパゲティー	にんじん・たまねぎ ピーマン・にんにく	ぶたにく・たまご ぎゅうにゅう
17	木	チキンライス	こんぶスープ 鮭のマリネ	ごはん こむぎこ かたくりこ	あおえんどう たけのこ・にんじん えのきだけ・ピーマン	とりにく・さけ こんぶ ぎゅうにゅう
18	金	黒糖 スライスパン	和風クリームシチュー・みかん キャベツのカレーサラダ	パン	マッシュルーム・みかん キャベツ・しめじ たまねぎ・にんじん	やきちくわ・ぶたにく だっしふんにゅう クリームチーズ・ぎゅうにゅう
21	月	ごはん	わかめみそ汁・かれいの変わり揚げ 切干大根炒め煮	ごはん こんにゃく じゃがいも	きりぼしだいこん しいたけ・にんにく たまねぎ・しょうが	かれい・ながてん わかめ ぎゅうにゅう
22	火	ごはん	野菜スープ・かぼちゃ小倉煮 パン粉焼きチキン	ごはん パンこ	セロリ・たまねぎ にんじん・かぼちゃ いんげん	とりにく・あずき ぎゅうにゅう
24	木	いなりちらし （P31）	なめこみそ汁・りんご ヤーコンとささみの甘酢和え	ごはん じゃがいも	なめこ・しいたけ ヤーコン・れんこん セロリ・しょうが・りんご	あげ・とりささみ ぎゅうにゅう
25	金	コッペパン	ペンネとコーンのスープ・シフォンケーキ いもとチーズのサラダ	パン ペンネ じゃがいも	コーン・たまねぎ キャベツ・にんじん	ベーコン・チーズ ぎゅうにゅう

2010年 1月

こんだて			材料と体内での働き		
日／曜日	主食	おかず（牛乳は毎日つきます）	黄 熱や力になる	緑 体の調子を整える	赤 血や肉になる
15 金	コッペパン	春雨スープ さつまいもバター煮	パン さつまいも かたくりこ	にんじん・たけのこ きくらげ	たこボール ぎゅうにゅう
18 月	ごはん	麸とえのきのみそ汁 焼き魚（さば） 白菜のおかか和え	ごはん ふ じゃがいも	えのきだけ・はくさい ほうれんそう キャベツ	さば・けずりぶし ぎゅうにゅう
19 火	ごはん	かぶとベーコンのスープ煮 ミートローフ・ヤーコンのピリ辛炒め	ごはん こんにゃく なまパンこ	かぶ・だいこん にんじん・たまねぎ ピーマン・にんにく しょうが・ヤーコン	ベーコン・ぶたにく とりにく・たまご ぎゅうにゅう
20 水	塩ラーメン	肉まん ハムサラダ	ラーメン じゃがいも	もやし・たまねぎ にんじん・しょうが にんにく・はくさい	ぶたにく・なると ハム・くらげ ぎゅうにゅう
21 木	ハヤシライス	福神漬け キウイフルーツ	ごはん	たまねぎ・にんじん セロリ・りんご しょうが・にんにく キウイフルーツ	ぎゅうにく・ぶたにく ぎゅうにゅう
22 金	黒糖パン	エリンギとわかめのスープ スパゲティーサラダ	パン スパゲティー	エリンギ・にんじん たまねぎ・キャベツ パセリ	わかめ ぎゅうにゅう
25 月	ごはん	鶏肉と根菜のくず煮・いんげん素揚げ 鮭のバターしょうゆ焼き	ごはん	れんこん・にんじん だいこん・いんげん しいたけ	とりにく・さけ こうやどうふ ぎゅうにゅう
26 火	里の味 ごはん	ふのりのみそ汁（P90） 小松菜とコーンのごま風味和え	ごはん さつまいも じゃがいも	にんじん・ごぼう しいたけ・コーン こまつな	こんぶ・とりにく あげ・ふのり ぎゅうにゅう
27 水	五目うどん	切干大根ひじき煮 りんご	うどん	しいたけ・にんじん きりぼしだいこん たまねぎ・りんご	ぶたにく・なると ひじき・あげ ぎゅうにゅう
28 木	梅ちり ごはん	雑煮・黒豆煮豆 わかさぎ佃煮	ごはん もち	だいこん・にんじん しいたけ	とりにく・なると わかさぎ・くろまめ ぎゅうにゅう
29 金	あんパン	カレーポトフ ごぼうサラダ	パン じゃがいも	キャベツ・だいこん にんじん・ごぼう もやし	ウインナー やきちくわ ぎゅうにゅう

2010年 2月

こんだて			材料と体内での働き		
日／曜日	主 食	おかず （牛乳は毎日つきます）	黄 熱や力になる	緑 体の調子を整える	赤 血や肉になる
1 月	豚キムチ ごはん(P26)	もやしみそ汁 キャベツとハムのサラダ	ごはん	にんじん・ながねぎ もやし・はくさい キャベツ	ぶたにく・ハム あげ・ぎゅうにゅう
2 火	ごはん	すりみ汁・落花生 塩肉じゃが	ごはん じゃがいも しらたき	たまねぎ・しいたけ だいこん えのきだけ	すりみ・ぶたにく らっかせい ぎゅうにゅう
3 水	コッペパン	スパゲティーナポリタン フルーツクリームチーズ	パン スパゲティー	ピーマン・しいたけ たまねぎ・みかん もも・パイン	ハム・ヨーグルト クリームチーズ ぎゅうにゅう
4 木	ごはん	玉葱のみそ汁・焼きさんま 揚げごぼうのごま和え（P84）	ごはん じゃがいも かたくりこ	たまねぎ・にんじん ごぼう	さんま ぎゅうにゅう
5 金	黒砂糖パン	あさりのミルクスープ いんげんとさつまいものサラダ	パン マカロニ さつまいも	いんげん・たまねぎ セロリ	ベーコン・あさり だっしふんにゅう クリームチーズ・牛乳
8 月	菜めし おにぎり	ふのりのみそ汁（P90） シャキシャキきんぴら	ごはん	ごぼう・にんじん れんこん・たけのこ だいこん	ぎゅうにゅう ふのり
9 火	コーンバター ごはん	オニオンスープ ますのちゃんちゃん焼き	ごはん	コーン・たまねぎ キャベツ・ながねぎ パセリ	ひじき・ぶたにく ます・チーズ ぎゅうにゅう
10 水	つけラーメン	フライドチキン・ポテト オレンジ	ラーメン じゃがいも かたくりこ	しょうが・ながねぎ にんにく オレンジ	とりにく たまご ぎゅうにゅう
12 金	チョコパン	こんぶスープ マカロニの中華風煮	パン マカロニ じゃがいも	にんじん・キャベツ たまねぎ・しいたけ	こんぶ・はんぺん ぶたにく ぎゅうにゅう
15 月	ごはん	大根すまし・さば照り煮 じゃがいものみそバター煮(P80)	ごはん じゃがいも ふ	えのきだけ・だいこん コーン・しょうが にんにく	さば・ぶたにく ぎゅうにゅう
16 火	シーフード カレー	福神漬け スライスパイン	ごはん じゃがいも	りんご・セロリ たまねぎ・にんじん パイン	えび・ほたて・あさり いか ぎゅうにゅう
17 水	かしわうどん	キャベツおかか和え	うどん	キャベツ・もやし しいたけ	とりにく・なると ぎゅうにゅう
18 木	ごはん	舞茸のみそ汁・昆布佃煮 たらの香りフライ	ごはん こむぎこ パンこ	にんにく・まいたけ	たら・たまご・こんぶ あげ・こなチーズ ぎゅうにゅう
19 金	コッペパン	肉団子のスープ もやし南蛮	パン じゃがいも かたくりこ	ながねぎ・にんじん もやし・たまねぎ ピーマン	とりにく・ぶたにく たまご ぎゅうにゅう
22 月	エリンギと 鶏肉の 混ぜごはん	白菜のみそ汁 ベーコンのマスタードソテー	ごはん	はくさい・ピーマン もやし・エリンギ キャベツ	とりにく・ベーコン あつあげ・ヨーグルト ぎゅうにゅう
23 火	ごはん	けんちん汁・かれい竜田揚げ ひじきの洋風煮物	ごはん こんにゃく かたくりこ	たまねぎ・ごぼう にんじん・だいこん ピーマン	とうふ・かれい ひじき・ベーコン ぎゅうにゅう
24 水	コッペパン	しょうゆ焼きそば 豚肉の中華和え	パン ラーメン	キャベツ・もやし しいたけ・たまねぎ	やきちくわ・くらげ ぶたにく・ほしえび ぎゅうにゅう
25 木	カツ丼	なめこみそ汁 たけのこの炒め煮	ごはん パンこ・こむぎこ こんにゃく	たけのこ・しいたけ なめこ	ぶたにく・ながてん たまご・のり・とうふ ぎゅうにゅう
26 金	コッペパン	ほたてとじゃがいものチリソース かぼちゃコロッケ・ゆで野菜	パン じゃがいも	にんにく・しょうが にんじん・たまねぎ ながねぎ・こまつな	ほたて ぎゅうにゅう

2010年 3 月

こんだて			材料と体内での働き		
日／曜日	主食	おかず （牛乳は毎日つきます）	黄 熱や力になる	緑 体の調子を整える	赤 血や肉になる
1 月	赤米ごはん	ごま風味豚汁（P91） さんま南蛮漬け	ごはん じゃがいも・かたくりこ こんにゃく・こむぎこ	だいこん・しょうが ながねぎ・たまねぎ ピーマン・にんじん	ぶたにく・さんま ぎゅうにゅう
2 火	ごはん	もやしのスープ・春巻き 麻婆じゃがいも	ごはん じゃがいも	にんじん・ながねぎ たまねぎ・にんにく もやし・たけのこ	ぶたにく ぎゅうにゅう
3 水	みそラーメン	鶏肉とキャベツのサラダ りんご	ラーメン じゃがいも	たまねぎ・にんじん しょうが・りんご もやし・キャベツ	なると・ぶたにく とりにく ぎゅうにゅう
4 木	ごはん	しめじみそ汁・いかと大根の煮付け ほうれん草のツナ和え・味付けのり	ごはん ふ	しめじ・だいこん にんじん・もやし ほうれんそう	さつまあげ・ツナ のり・いか ぎゅうにゅう
5 金	コッペパン	ビーフシチュー・すりおろしゼリー 春雨サラダ	パン じゃがいも はるさめ	セロリ・にんじん たまねぎ・もやし しょうが・にんにく	ぎゅうにく・ぶたにく ぎゅうにゅう
8 月	いなきび ごはん	ふのりのみそ汁（P90）・うの花煮 鮭のマスタードパン粉焼き	ごはん こんにゃく	ごぼう・しいたけ だいこん・にんじん	さけ・とりにく おから・とうふ ふのり・ぎゅうにゅう
9 火	チキンパセリ ガーリック丼	きのことごぼうのスープ 小松菜のごま和え	ごはん	たまねぎ・ごぼう はくさい・しめじ こまつな・パセリ・にんにく	とりにく ぎゅうにゅう
10 水	けんちんうどん	豚肉のみそ炒め オレンジ	うどん	だいこん・たまねぎ にんじん・キャベツ オレンジ・ふき	あげ・なると ぶたにく ぎゅうにゅう
11 木	えびフライ カレー	福神漬け 焼きプリン	ごはん じゃがいも こむぎこ・パンこ	りんご・セロリ たまねぎ・にんじん	えび ぎゅうにゅう
12 金	クリームパン	さつまいもの和風スープ 海藻サラダ	パン さつまいも こむぎこ	キャベツ・たまねぎ にんじん・セロリ	やきちくわ・こんぶ とりにく ぎゅうにゅう
15 月	ごはん	豆腐すいとん汁・焼き魚（開きほっけ） もやしのナムル	ごはん こむぎこ	ごぼう・はくさい にんじん・しいたけ もやし・ながねぎ	とうふ・ほっけ だっしふんにゅう ぎゅうにゅう
16 火	ごはん	オニオンスープ・磯辺つくね 手作りふりかけ（P33）	ごはん パンこ	しょうが・にんじん えのきだけ・たまねぎ	しらすぼし・たまご けずりぶし・とりにく のり・ぎゅうにゅう
17 水	コッペパン	豚肉のクリームスパゲティー いもとウインナーのサラダ	パン スパゲティー じゃがいも	しいたけ・ながねぎ パセリ	ウインナー・ぶたにく クリームチーズ ぎゅうにゅう
18 木	ごはん	白菜と揚げのみそ汁・かれい田楽 ひじきとひき肉のケチャップ炒め	ごはん	ピーマン・ながねぎ はくさい	ひじき・ぶたにく あげ・かれい ぎゅうにゅう
19 金	黒砂糖パン	中華風スープ さつまいものサラダ	パン さつまいも	クリームコーン たまねぎ・しいたけ チンゲンさい・にんじん	たまご・ぶたにく クリームチーズ ぎゅうにゅう
23 火	えのきのみそ 生姜ごはん	わかめのみそ汁 三色野菜の洋風きんぴら（P83）	ごはん じゃがいも	ごぼう・ピーマン にんじん・しょうが えのきだけ	とりにく・わかめ あげ ぎゅうにゅう
24 水	卒業式用祝い品 （マドレーヌ）	15日 置戸中学校 24日 置戸小学校・勝山小学校			

あとがき

私たち本制作チームが
佐々木十美さんに初めて出会ってから２年半。
「置戸町の給食のすばらしさを本にしよう」と
企画を立ててから１年半の歳月が流れました。
打ち合わせや撮影のほか多くの時間を共有するうちに、
親しみを込めてみんなが
「十美さん、十美さん」と呼ぶようになりました。

給食調理の現場では常に真剣勝負で
「私は鬼だと思われているかも」と照れ笑いする十美さん。
でも、子どもたちの前ではいつも母の表情で、
苦手なものをひと口食べた子がいると
顔をくしゃくしゃにしてほめてあげていましたね。
自分の仕事に妥協を許さず、
子どもたちにとって最良のことを貫こうとする姿勢。
私たちは、何よりその健気さに心打たれたのかもしれません。

栄養士としてまもなく卒業を迎える十美さん。
卒業後は、どんなおいしい人生を考えていますか。
心のこもった料理と、一緒に過ごした濃密な時間に感謝して、
十美さん、ごちそうさまでした！

◆ SPECIAL THANKS ◆

取材に協力してくださった皆さん（敬称略）

福士真理子、福士楓果、福士果梨、三浦綾子、三浦叶登、三浦築宜、
高倉晴美、高山京子、置戸町教育委員会、置戸町立勝山小学校、
郷土料理研究グループ「とれびあん」、置戸町老人大学、置戸町学校給食センター

監修者略歴
佐々木十美（ささき・とみ）

北海道置戸町立置戸小学校栄養教諭、置戸町学校給食センター管理栄養士。1951年置戸町生まれ。名寄女子短期大学栄養学科（現・名寄市立大学短期大学部）を卒業後、72年から置戸町学校給食センターに勤務。2007年から置戸小学校栄養教諭。2011年に定年退職し、同町「食のアドバイザー」として町民向け料理講座を担当するほか、食育に関する講演や研修を全国で行っている。

企画――――――――森本昭夫（株式会社ウァン）
構成・文――――――加賀千登世
編集――――――――仮屋志郎（北海道新聞社）
撮影――――――――宇田川佳織（スタジオ KURO）
（P12、13）川村勲
イラスト・タイトル文字――佐々木小世里
ブックデザイン・DTP――株式会社ウァン

おうちで給食ごはん
子どもがよろこぶ三つ星レシピ63

2010年4月30日　初版第１刷発行
2019年4月23日　初版第17刷発行

編者――――――――北海道新聞社
監修――――――――佐々木十美
発行者―――――――鶴井　亨
発行所―――――――北海道新聞社
〒060-8711　札幌市中央区大通西３丁目６
出版センター（編集）☎011-210-5742
（営業）☎011-210-5744
http://www.aurora-net.or.jp/doshin/book/
印刷所―――――――株式会社アイワード

ISBN 978-4-89453-550-3 C0077
乱丁・落丁本は営業グループにご連絡くださればお取り換えいたします。